学习力

学科高分学习法

陈凤玲 编著

江西美术出版社
全国百佳出版单位

图书在版编目（CIP）数据

学习力：学科高分学习法 / 陈凤玲编著 . -- 南昌：
江西美术出版社，2024.6
ISBN 978-7-5480-6339-1

Ⅰ. ①学… Ⅱ. ①陈… Ⅲ. ①学习方法－青少年读物
Ⅳ. ① G791-49

中国国家版本馆 CIP 数据核字（2024）第 058994 号

出 品 人：刘　芳
企　　划：北京江美长风文化传播有限公司
责任编辑：楚天顺　朱鲁巍　　策划编辑：朱鲁巍
责任印制：谭　勋　　　　　　封面设计：冬　凡

学习力：学科高分学习法
XUEXI LI: XUEKE GAOFEN XUEXI FA

陈凤玲 编著

出　　版：江西美术出版社
地　　址：江西省南昌市子安路 66 号
网　　址：www.jxfinearts.com
电子信箱：jxms163@163.com
电　　话：010-82093785　　0791-86566274
发　　行：010-88893001
邮　　编：330025
经　　销：全国新华书店
印　　刷：三河市燕春印务有限公司
版　　次：2024 年 6 月第 1 版
印　　次：2024 年 6 月第 1 次印刷
开　　本：880mm × 1230mm　1/32
印　　张：6
ISBN 978-7-5480-6339-1
定　　价：36.00 元

序

你的学习方法可以得几分

可喜可贺，当你翻开这一页的时候，你已经迈出成为优等生的第一步！

没错，千真万确，你就是优等生！

本书的主旨就是教会你如何高效学习，挖掘你的潜能！是的，你也可以像优等生一样学习，取得优等生能够取得的成绩。或许你也有这样的经历：你尝试了各种学习方法，它们艰难、枯燥、乏味，而且毫无效果，你的学习非但没有进步，反而比以前更差了。这样的学习方法不仅浪费时间和精力，更会极大地打击你的学习积极性，但是你要相信，有的学习方法可以彻底地改变你的学习状态，甚至可以提高你的智力水平！

有研究表明：如果一个人像木头一样无休止地坐着看电视，他的智商就会降低。这说明人的智商会发生变化。事物总有两面性，智商既然可以倒退，那也一定可以向积极的方向发展。

所以,请你相信:成为优等生、成为尖子生,并非遥不可及。你需要的,就是好的学习方法。本书精心为你准备了各科目最有效的学习方法!

首先,我们会帮你自测一下目前的学习方法是否正确——看看你的学习方法可以得几分。

○ 五分钟自测学习方法

下面是10个问题,你实际上是怎么做的、怎么想的,就怎么回答。每个问题有3个可供选择的答案:是、不一定、否。请把相应的答案写在题目后面。

1.你的学习用书除了书本还是书本吗? _____。

2.你对书本的观点、内容从来不会怀疑和批评吗? _____。

3.除了童话等一些有趣的书外,其他书你根本不看吗? _____。

4.你读书从来不做任何笔记吗? _____。

5.除了学会运用数学公式和定理,你还知道它们是如何推导的吗? _____。

6.你认为课堂上的基础知识没啥好学的,只有看高深的大厚书才过瘾吗? _____。

7.你经常使用字典吗? _____。

8.上课或自己学习的时候你都能聚精会神吗？_____。

9.你能够见缝插针地利用点滴时间学习吗？_____。

10.你经常找同学讨论学习上的问题吗？_____。

答案与说明：

第1、2、3、4、6题回答"否"表示正确，其他问题回答"是"表示正确。正确的给10分，错误的不给分，回答"不一定"的给5分，最后计算总分，并根据下面给出的标准测出你目前的学习方法处于什么水平：

总分85分以上：学习方法很好；

总分65～85分：学习方法较好；

总分45～65分：学习方法一般；

总分45分以下：学习方法较差。

○ 学习方法不当的表现

那么，学习方法较差的人在学习中有哪些表现呢？通常来说，有以下一种或几种：

学习无计划

"凡事预则立，不预则废。"学习计划是实现学习目标的保证，但有些人对自己的学习毫无计划，整天忙于被动应付作业和考试，缺乏主动安排。因此，他们看什么、做什么、学什么都心中无数，总是考虑"老师要我做什么"而不是"我要做什么"。

不会科学利用时间

时间对每个人都是公平的。有的人能在有限的时间内，把自己的学习与生活安排得从从容容。而有的人虽然忙忙碌碌，经常补习，甚至依靠家教辅导，但总是忙不到点子上，实际效果不佳。有的人不善于挤时间，他们经常抱怨："每天要上课、回家、吃饭、做作业、睡觉，哪还有多余的时间供自己安排？"还有的人平时松松垮垮，临到考试就手忙脚乱。这些现象都是不会科学利用时间的结果。

不求甚解，死记硬背

死记硬背指不假思索地重复背诵很多次，直到大脑中留下印象为止。它不需要理解，不讲究记忆方法和技巧，是最低效的学习方法。它常常使记忆内容相互混淆，而且不能保持长久。当学习内容没有条理，或者我们不愿意花时间去分析其中的条理和意义时，往往就会采用死记硬背的方法。依赖这种方法的人最后会说："谢天谢地，考试总算结束了。现在我可以把那些东西忘得一干二净了。"

不能形成知识结构

知识结构是知识在人的头脑中的反映，也就是指知识经过"输入——加工——储存"的过程在头脑中形成的有序的状态。

形成知识结构在学习中是很重要的，如果没有合理的知识结构，再多的知识也只能成为一盘散沙，无法发挥出它们应有的功效。有的人单元测验成绩很好，可一到综合考试就不行了，其原因也往往在于他们没有掌握各单元知识间的联系，没有形成相应的知识结构。正是因为他们对所学内容与学科之间、各章节之间没有及时总结、归纳、整理，导致所吸收的知识基本上处于不成体系的"游离状态"。这种状态下的零散知识很容易被遗忘，也很容易造成张冠李戴。

不会听课

这主要表现在：课前不预习，对上课内容完全陌生，无法带着疑问去学；听课时开小差、不记笔记；充当录音机的角色，把老师所讲的一字不漏地记录下来，但只让自己的记录与老师的讲述保持同步，而不让自己的思路与老师保持同步；课后不及时复习，听完课就万事大吉，等等。

不会阅读

这主要表现在：不善于选择阅读书目，完全凭个人兴趣或完全听从老师、父母的安排；没有阅读重点，处理不好"博"与"精"的关系，要么广种薄收，要么精读于一而漏万；阅读速度慢，任何情况下都逐字逐句地读，不会快速阅读，也不会略读；不善于带着问题去读，阅读之后没有什么收获。

抓不住重点和难点

学习方法不当的人，在看书和听课时，不善于抓住重点和难点，找不到学习上的突破口，总是"眉毛胡子一把抓"，结果只是分散和浪费了时间与精力，却达不到预期的效果。

理论与实际脱离

理论知识与实际操作相结合是非常重要而有效的学习方法，所谓"学而必习，习又必行"。而学习方法不当的人往往只满足于学习书本上的知识，不善于在实践中学习、在实践中运用，不能用所学知识解决实际问题。主要表现为动手能力差，不关心现实生活，"两耳不闻窗外事，一心只读圣贤书"。

不善于科学用脑

这主要表现在：学习时不注意劳逸结合，不善于转移大脑兴奋中心，终日昏昏沉沉，影响学习效率。

〇 学习方法不当的成因

为什么有的人没有形成正确的学习方法呢？这是受多方面因素影响的。当然，一个人的智力水平会对方法的形成有一定影响，但大部分人的智力水平差异都不太大，因此，它对方法形成的影响是有限的。学习方法不当主要还是因为一些非智力因素，比如以下几点：

对学习方法的重要性认识不足

不少人在学习方法上任其自然，看不到科学学习方法的作用和意义，没有尝到正确方法所带来的甜头，以为磨刀"误了"砍柴工，因而不愿意花时间和精力去认真研究和掌握先进的学习方法。

对各学科学习特点认识不足

学习方法具有适应性，其中一个方面就是要适应各阶段、各学科的学习特点。这就需要我们对目前各学科的学习有明确的认识，在此基础上，才能形成科学的学习方法。有的人说："明明第一学期我的成绩挺好，可到第二学期就感到学习很吃力，成绩也上不去，心中很着急，我该怎么办呢？"这其中一个很大的原因就在于学习方法没有及时调整。还有的人发愁："我其他学科成绩都不错，可为什么就学不好外语呢？"原因也可能在于他没有认识到外语这门学科的学习特点。

对自身的状况和条件认识不足

学习方法除了要适应各学科的学习特点外，还要适应个体特征。如果你对自身的状况和条件认识不足的话，很可能也会造成学习方法不当，因为正确的方法首先是适合自己的方法。对自身认识不足主要包括两个方面：一是对自己目前的学习状况没有客观、清醒的认识。有的人因为成绩不太好而妄自菲薄、过于谦卑，认为自己一无所长、无可救药；也有的人因为成绩良好而目中无人、自以为是，看不到自己的缺点和不足。这些不客观的认识都会使人在运用学习方法的时候发生失误。二是对自己的个性特征认识不清。如果一个人对自己的个性特征认识不清，在学习方法上就很有可能盲目模仿别人，强己所难、身心俱疲。所以，可以说，认识自己是掌握科学学习方法的前提。每个人的能力、气质、性格、身体状况都有所不同，世界上没有两片完全相同的树叶，更没有两个个性完全相同的人。科学的学习方法必须是适合自己的个性特征的，别人的方法仅是参考而已。从这个意义上说，有多少个学习成功的人就有多少种成功的学习方法。就像有的人喜欢待在空旷的大房间里看书，有的人喜欢缩在狭小的房间里看书，也有的人喜欢躺在草地上看书。其实只要学习效果好，无论哪种方式都无可厚非。

缺乏学习动机

动机缺乏的人往往没有学习动力，缺乏学习热情，总是把学习看成一件苦差事，没有目标、得过且过，这种行为完全是一种被动的应付。表现在学习方法上，必然会是死记硬背、投机取巧、没有计划。一个丧失学习动机的人，必然也会丧失深究学习方法的兴趣。因此，那些在学习中无精打采、习惯大叫"没劲"的人，十有八九都是学习方法不当的。

意志薄弱

掌握和运用科学的学习方法，需要一定的自制力。特别是纠正一些不良的、已经形成习惯的学习方法，更需要毅力和恒心。有的人有掌握科学学习方法的愿望，但在努力的过程中因为意志薄弱而半途而废，造成有目标无结果、有计划无行动。在学习上跟着感觉走，自然要省力得多，但同时，学习效果也会糟糕得多。

缺乏指导与训练

绝大多数人都没有接受过专门的、系统的学习方法的指导与训练，对什么是科学的学习方法缺乏明确的认知，在学习中也无法自觉地加以运用。即使有的人掌握了一些有效的学习方法，也大都是走了很多弯路之后才形成的，并且是零散的。科学的、系统的学习方法很难在学习中自然而然地形成，需要接受专门的指导与训练。因此，我们平时应该多阅读有关学习方法的书，积极主动地建立自己的学习方法。

了解了以上关于学习方法的基本内容后，我们就直接进入正题，开始学习各科目非常高效的学习方法吧！祝你成功！

目录

第一章 学习语文的高效方法

谁比我更擅长背书   3

阅读训练自觉用   5

识字大王就是我   6

语文就像一首歌   10

循序渐进妙趣多   18

概括中心思想有技巧   20

第二章 学习数学的高效方法

数学没有想象中那么难   25

概念理解要正确   26

寻找解题突破口   28

推理思维时常练   33

抓好课堂 45 分钟   34

学数学有方法   36

今日事，今日清   40

第三章　学习英语的高效方法

学好语音，打好基础　　　　　　　　43

在梦里也用英语说话　　　　　　　　47

将对英语的热情维持下去　　　　　　48

羞涩，请立即发言　　　　　　　　　50

用英语来理解英语　　　　　　　　　53

温故知新　　　　　　　　　　　　　54

给阅读提速　　　　　　　　　　　　59

第四章　学习物理的高效方法

最大化课堂的价值　　　　　　　　　68

不可忽视的思维障碍　　　　　　　　71

物理知识的系统化　　　　　　　　　73

用物理思维学物理规律　　　　　　　75

在复习中拓展知识　　　　　　　　　78

第五章　学习化学的高效方法

课堂是基本阵地　　　　　　　　　　83

实验技能是利器　　　　　　　　　　85

第一次复习要及时　　　　　　　　　89

记好笔记事半功倍　　　94

六大高效笔记法助提分　　97

七大方法巧识考点　　　103

第六章　学习生物的高效方法

态度决定高度　　　　　111

学习常规是保障　　　　113

记忆知识有诀窍　　　　117

思维方法是核心　　　　120

学以致用是目的　　　　122

第七章　学习政治的高效方法

跟着课堂思路走　　　　127

课本是学习的根本所在　128

主动搭建知识体系　　　131

集思广益，借力不费力　133

趁热打铁，及时复习　　135

第八章　学习历史的高效方法

课本"由薄读厚"　　　139

课本"由厚读薄" 142

历史年代记忆妙招 146

历史要素分类表解法 151

用记号和批注加深记忆 153

第九章 学习地理的高效方法

升华你的地理知识 157

把握地理知识的灵魂 159

地图的四大助记方法 163

地理数据有点意思 165

高手支招巧妙记忆 167

第一章

学习语文的高效方法

- 谁比我更擅长背书
- 阅读训练自觉用
- 识字大王就是我
- 语文就像一首歌
- 循序渐进妙趣多
- 概括中心思想有技巧

学习语文没有一个速成的方法，最主要的工作是积累。学习方法没有一个现成的模式，不要照搬别人的。

○ 谁比我更擅长背书

学习语文是一个积累的过程，不可一蹴而就，只有坚持长期的素材积累，语文才能学得更好。积累需要大量的阅读与背诵，好的书籍或文章不仅能丰富知识，还能陶冶性情。不过，不能只是阅读，还要思考，我们最好准备一个专门用来记录与摘抄的本子，在阅读的过程中将遇到的好词好句抄下来，并不时地翻看，争取让它们变为自己的东西。当遇到疑点、难点时，也要及时记下来，多与别人讨论，听听别人的看法，这样才会有所长进，学习水平才会提高。

记诵法是学习语文的重要方法之一，尤其是在小学阶段。这种方法长期为同学们所忽视，甚至曲解，认为记诵就是死记硬背而予以简单否定。其实，如果只停留于一般意义上的浏览，而对一些经典的、文质兼美的文章不花点功夫去记诵，那么结果只会收效甚微。相反，大量记诵经典作品，包括作品的语言、艺术技巧、思想内容等都将会逐渐内化为我们自己的东西，所谓"熟读唐诗三百首，不会作诗也会吟"就是这个道理。

因此，曾有人提出：一名合格的中学毕业生应该熟记一百篇优秀散文、一百篇经典文言文、一百首古代诗词。杨振宁先生在《光明日报》上答记者问时，特别提到小时候父亲要求他背熟《孟子》全书的事，并认为自己从中受益匪浅，所以他很佩服父亲的高明。

读而不熟，就不能很好地把作者的语言表达艺术学到手。古人强调"好书不厌百回读""书读百遍，其义自见"，甚至需要做到熟读成诵、烂熟于心，也是这个道理。

记诵法对于文言文的学习尤为重要。现代人学习文言文最缺少的是语言环境，而朗读甚至记诵正是"用自己的口代作者说出这番话，读者就好像作者，作者的语言也就好像成了读者的语言"，这样我们就能很容易地进入作者创设的语言环境。有了当时的语言环境，也就能很好地理解词语的意义，从而就能更快速地读懂作品了。

努力记诵吧，直到有一天，你敢问"谁比我更擅长背书"！

○ 阅读训练自觉用

下面再介绍阅读技能的训练，在阅读课文的过程中应能自觉运用。

朗读

朗读有助于深入体味文章的思想感情，有助于密切读和写的联系，也是培养语感的一种好方式。

朗读训练的质量大体有三个层次：

一是正确地朗读。要能读音正确，停顿适当，不加字、不掉字。

二是流畅地朗读。要能正确把握语调（抑、扬、顿、挫）、语气（轻、重、缓、急），全文能连贯地读下来。

三是传神地朗读。要能熟练地运用语音和表情，表达出文章的风格和神采。

默读

读时不动唇，不出声。默读与朗读相比较，不仅速度快，往往也能帮我们理解得更深。读时要批注，不动笔不读书。传统的阅读方法就是一边读一边在文章上圈圈点点、勾勾画画。

精读

精读的对象主要是课本上的基本篇目，它们大都是文质兼美的文章。

精读的步骤大致是：审题；辨文体；标节码，勾生字，查工具书，读注解；解新词；写提要；理层次；记段意；明中心；质疑；评写法。

上述步骤可因阅读目的不同而有所侧重，但整个过程非一次阅读可以完成，需要反复咀嚼、体会、揣摩，直到发现文章的特性，发掘出其中的丰富意蕴。

略读

略读的特点是"提纲挈领"，即把握文章的基本内容、思想和技法。

略读并不是容易的事，读时要舍去细枝末节，把握重点词、句、段，抓住主要材料和主要表达方式，从中概括出重点。

○ 识字大王就是我

汉字是出了名的难学难记。不要说外国人，就是中国人，要记那么多汉字也不是一件容易事。如何掌握记忆汉字的一些技巧和方法，成为识字大王呢？下面总结出的这五种方法应该会对你有所帮助。

字谜法

有些笔画复杂、难记易错的字可以编成形象生动，且有趣味的字谜。经常动脑猜一些字谜、编一些字谜，可以帮助我们把字形记住。用时想起这些字谜，就不易写错。虽然有些字谜常使我们百思不得其解，但是一经老师或同学的点拨和说破，就会永世不忘。如：

加一半，减一半。（喊）

一人牵着一只狗。（伏）

十一点进厂。（压）

两只狗，草底走。（获）

廿字头，口字中，北字两边分，四点下面蹲。（燕）

歌诀法

把一些易错易混的字编成儿歌或顺口溜，读来朗朗上口，细想妙趣横生，便于记忆。一般有下面几种：

单字歌诀，如：

王二小，白胖胖，屁股坐在石头上。（碧）

衣字上下分，果字中间蹲。（裹）

易错字歌诀，如：

"中一"贵，"酉己"配，纸字无点才算对。

易混字歌诀，如：

己（jǐ）开巳（yǐ）半巳（sì）封严，

谁要写错惹麻烦。

戊（wù）空戌（xū）横戍（shù）变点，

撇横相交戎（róng）装换。

拆字法

把一些难记易错的合体字分拆成几个部件，就可以化难为易，比较好记。如：

赢——亡口月贝凡

德——双人十四一心

掰——手分手

罚——四言立刀

加减法

有不少汉字形体相近，通过把它们加一笔或者减一笔，就可以变成另一个字。记住了这些加减变化的规律，也就记住了这些字的细微差别，用时可避免混淆。如：

免字加一点变成兔字（一点为兔尾巴）

幻字加一撇变成幼字

折字加一点变成拆字

鸟字减一点变成乌字（一点为鸟眼睛）

享字减一横变亨字

拢字减一撇变成扰字

找规律法

有一些汉字认起来容易，但写起来常常出错，总是写不规范。这时就可以按字音和字形特点，找出一般性的规律，再加以区别，用时就不易写错。

按字音找规律区别。如区别仓、仑作部件构成的字，可按下面的读音规律来记忆：

韵母是ang，声旁从仓，如枪、苍、创等。

韵母是un，仑部构成，如轮、抡、囵等。

又如区别用令、今作部件构成的字，可按这样的规律来记忆：

声母凡是小棍l，令字一点不可掉（如领、拎、零、玲等）。

声母不是小棍l，今字必定其中坐（如念、琴、贪等）。

按结构找规律区别。如区别圣、圣构成的字，可按下面的规律来记忆：

只有怪字右为圣，其他的字均为圣（如径、茎、轻、经等）。

又如由部件彐组成的字，中间一横出头或不出头，可以这样记忆：

无笔穿过不出头（如雪、灵、急、皱等），有笔穿过冒出头（如尹、唐、争、建等）。

按规范书写找规律。如：

小字在上不带钩（如尖、省、肖等），小字在下钩不丢（如京、尔、叔等）。

又如：

一字不写两笔捺，一捺写点顶呱呱（如从、秦、漆、黍、癸等）。

需要指出的是，以上这些都只能是一些辅助方法，要真正掌握和认识汉字，还是得多看、多写、多用。

○ 语文就像一首歌

学习语文就像学一首歌，你相信吗？

那些易混淆、难记忆的知识，如果把它们变成歌诀，那会是一件多么愉快的事情啊！

别急，现在就把语文基础知识四部分的歌诀送给你，请你好好读一读、背一背。这些歌可都是喜闻乐见、通俗易懂、言简意明、便于背诵的呢！

词汇部分

很多同学对实词的学习一般不感到困难，因为实词确有所指，有实在意义，便于理解。而虚词没有具体意思，只能帮助实词造句，因而就让人感到难于理解，有时还容易混淆。针对这种情况，我们编了一首"虚词歌"，方便大家记忆：

虚词没有具体化，

帮助实词能造句。

虚词六类要记清，

"副、介、连、助、叹、拟声"。

副词：副词是用在动词或形容词前面，表示动作、行为或性质、状态的程度、范围、时间、连续重复、肯定否定、情态、语气的虚词。

副词用在动、形前，程度、范围与时间，

连续重复肯、否定，情态、语气都表现。

介词：介词是用在名词或代词前面，组成"介宾短语"，表示时间、处所、方向、对象、原因、目的等的虚词。

名、代前边介词用，"介宾短语"就组成。

方向、时间和处所，原因、目的、对象明。

连词：连词是连接词和词、短语和短语、句子和句子，甚至段落和段落的虚词。

连词作用是连接，顾名思义好理解。

助词：助词是附在词、短语或句子的后面，表示结构、时态、语气的虚词。

助词常附词、句后，时态、语气和结构。

时态助词"着了过"，"啊吗呢吧"语气助，

结构助词"的地得"，"的字短语"弄清楚。

叹词：叹词是单独用来表示强烈感情或呼唤应答的声音

的虚词。

> 叹词强烈感情发，表示呼唤与应答。
>
> "哎呀哼呸咦哈哈，唉嗯喂啊哦嗨呀"。

拟声词：拟声词是模拟人或事物声音的虚词。

> 描摹声音即拟声，"淙淙潺潺轰隆隆，
>
> 喊喊喳喳哗啦啦，琅琅呼呼叮叮咚，
>
> 噼里啪啦汪汪汪，叽里咕噜砰砰砰"。

借助歌诀不必费很大气力便可将虚词记住，既明白了各个虚词的定义，也掌握了它们的用法。如果再对照例句加以巩固，还可收到事半功倍的效果。

病句部分

有些同学在作文中经常会出现一些病句，为此我们编成"常见病句歌"和"修改病句口诀"。

常见病句歌：

> 成分残缺要注意，缺主缺谓缺宾语。
>
> 搭配不当有三类：主谓、动宾和修饰。
>
> 词序颠倒位置错，结构混乱不达意。
>
> 词类误用和滥用，实虚关联形容词。
>
> 指代不明意含混，重复累赘倒主次。
>
> 比喻不当相矛盾，不合情理与逻辑。

修改病句口诀：

> 先看主干再看枝，要把原文细分析。
>
> 成分搭配与结构，用词比喻及情理。
>
> 对照病类细审查，语法逻辑都顾及。
>
> 一看二审三修改，多就少改保原意。

同学们只要记住"常见病句歌"，再对照典型例句，就不难发现病句；发现病句后，再运用"修改病句口诀"，就能对症下药加以改正。

用这种方法进行训练，修改病句的能力就会很快提高，文章中的语病就会大为减少。

作家作品

古今中外范围较大，作家作品比较难记，我们把重要的作家和作品介绍编成诗歌的形式让学生们进行记忆，他们普遍反映这种形式"好读、好记、好掌握，少花时间收益多"。例如对孔子和《论语》的介绍：

孔子（前551—前479），子姓孔氏名丘字仲尼，春秋末期生鲁地。

思想家和教育家，儒家学派他创立。

相传弟子三千人，七十二贤通"六艺"。

私人讲学开先例，"有教无类"讲"仁""礼"。

《论语》共有二十篇，曾参和他弟子编。

儒家经典语录体，孔子言行记里边。

再如对茅盾及其作品的介绍：

茅盾（1896—1981），茅盾原名沈德鸿，笔名茅盾字雁冰。

浙江桐乡乌镇人，现代作家很著名。

创立"文学研究会"，领导"左联"亦有功。

代表作品有《子夜》《春蚕》《秋收》和《残冬》，《幻灭》《动摇》及《追求》。

《林家铺子》是电影，《清明前后》是剧本，《夜读偶记》是评论。

作家作品可再附以简洁的说明，理解记忆起来就很方便，只要很短的时间就可以记住作家和作品的介绍。

文言虚词

不少同学在学习古文时，对文言虚词感到难以掌握，变成了一个难点。

针对这种情况，我们把常用的文言虚词经过归类整理，按照词性和用法编成了"文言虚词歌"。如"之"字，在文言文中用得最普遍，它既可作助词，也可作代词，还可作动词，同学们记起来总感到很困难。但当我们把它的词性和用法整理后编成歌诀，只要短短的几句就可概括其词性和用法，使用过的同学们说："记住几句诗，学会一个词，何乐而不为。"

"之"字歌	例句
"之"作助词等于"的"	永州之野产异蛇（助词"的"）
主谓之间不翻译	孤之有孔明，犹鱼之有水也（主谓之间，取消句子独立性）
取消句子独立性	媪之送燕后也，持其踵而为之泣（前"之"同上，后"之"代女）
提宾凑音缓语气	宋何罪之有（提宾） 会拜谢起，立而饮之（凑足音节、舒缓语气）
代词相当"他、她、它"	陈胜佐之（他），并杀两尉 巫妪何久也？弟子趣之（她） 驴不胜怒，蹄之（它）
"这样、这种、这件事"	以君之力，曾不能损魁父之丘（这样的）

学会用头脑读课文

读课文是语文课堂教学的重要内容。

刚上小学时，有不少同学不会读书，认为读书就是念字。因此有必要下一番功夫，学会从整体到局部，再从局部到整体，有规律地读课本。读，可以培养语感，语言学习很重要的一点就是培养语感。

"这个语段中为什么用这个词而不是用那个词？""这个句子为什么是一个病句？"很多时候，我们无须去问"为什么"，语感早就已经告诉我们理由了。而语感的培养就来自平时点点滴滴的"读"的积累。

读，是提高阅读理解能力的一个有效途径。这里所说的"读"，并不仅仅是指把文章朗读或默读一遍，还包括思考和识记等内容。读，应该是一个动口、动脑、动手的过程。

学习一篇文章，需要从哪些方面入手呢？概括起来就是：弄懂"写了什么"的问题；弄清"怎么写"的问题；记忆文章中的精彩语段和词语。这三个方面其实就是在说一个动口、动脑、动手的问题。大家在读一篇文章的过程中，能够有意识地去解决好这三个问题，才是"读"。也只有这样，才可以提高自己的阅读理解能力。

读，也是一个积累语文基础知识和作文素材的手段。读多了，见识广了，在写作文的过程中，就不会感觉自己无话可说，写出来的文章也不会空洞干巴，而是洋洋洒洒、言之有物了。

正确使用课本是核心

学会使用课本是学习语文的必要条件，具体做法是：

①读懂"课本说明"，明确学习目的、任务，了解课本的总体结构、读写听说的重点及自读课本的配置，明确当前学期的学习任务、内容、要求、方法等。

②读懂"单元提示"，了解该单元的学习重点，掌握所提示的知识，确定学习的主要方法。

③学会使用"预习提示"，记住文体、文章的听说读写知识，确定阅读的思路和方法，利用工具书理解或掌握规定的字词。

④学会利用"自读提示"，记住有关知识，把握课文特色，制定自读的思路和方法。

⑤学会使用"课文注释"。注释一般分四类，我们需要通过注释来识记文体、文章知识和生字、生词，理解专用名词和不常用的词语，掌握常用且生命力强的词语，对课本练习规定的造句的词语要熟练运用。

给文字插上想象的翅膀

对于记忆类的知识，如字音、字形、字义等应根据汉字是表意文字的特点，将音、形、义的知识结合起来。汉语中的多音字是许多同学难以掌握的，要明白"义不同则音不同，以音则可推义，以义就可推音"的道理。再如，判别字形是否正确，给文字插上想象的翅膀，就可以依据这个字的结构和意义来判别。如是"拌脚石"还是"绊脚石"，就可根据其是形声字的特点进行分辨，形旁是表意的，提手旁表明与手有关，是"搅拌"的意思；绞丝旁则表明与丝有关，是"缠绕"的意思，这样就能准确判断字形了。但如果不理解其基本意义，只是瞎猜，在实际运用中就会容易出错。如在"这部精彩的电视剧播出时，几乎万人空巷，人们在家里守着荧屏，街上显得静悄悄的"一句中，"万人空巷"一词的错误使用，就是因为不理解其基本意义。"万人空巷"是指家家户户的人都从巷子里出来了，多用来形容庆祝、欢迎等盛况，而这里望文生义，把"万人空巷"理解为"街上没有人了"。

○ 循序渐进妙趣多

一本字（词）典、一份报纸（杂志）、一部中外名著、一篇好文章、一个笔记本，都有很大的用处呢！例如：

①每人准备一本字典。俗话说："字典是不说话的老师。"如果每个学生都准备一本字典并随时带在身边，那么就等于多了一位老师。这位"不说话的老师"可以随时教你拼音、识义、辨别字形。学会查字典，经常利用字典，对同学们的语文学习会很有帮助。

②订一种报纸或杂志。这对培养同学们学习语文的兴趣大有益处，比如一些办得好的报纸或杂志大多有针对性，而且融知识性、趣味性于一体，其中的文章活泼风趣，信息量大，很受欢迎。试想：如果每一个学生都坚持订一种报纸或杂志，那么全班至少有30～40种报纸杂志可以让同学们互相传阅，良好的课外阅读风气就会形成。

③每学期读一部中外文学名著。学生们的课外阅读一直有个误区：男孩子喜欢看武侠小说，女孩子喜欢看言情小说。如果看一两本倒没有什么大的危害，多了则容易入迷，危害甚大。针对这一情况，我们建议中学生应该每学期读一部中外名著。名著作为中外文学的精华，无论内容还是其表现手法，都远远超出通俗小说。

比如我国的《红楼梦》《西游记》，外国的《堂吉诃德》《鲁滨孙漂流记》，其鲜明的人物形象、丰富的想象，都令人过目难忘。

④每天读一篇好文章或一首小诗。因为当前的知识面比较窄，所以许多同学对作文产生了一种恐惧感。对于这种情况，我们应提倡坚持每日读一篇好文章或一首精美的小诗。古今中外的名篇佳作，举不胜举。只要有毅力、愿意读，好文章或精美小诗尽可大量阅读，关键是贵在坚持。

古人说得好："熟读唐诗三百首，不会作诗也会吟。"只要肯读、会背，一年下来，一二百篇文章下肚，写起作文来再也不会搜肠刮肚、愁眉不展了，取而代之的会是兴味盎然、充满自信了。

⑤准备一本课外笔记本。光看、光读是不够的，还要多写、多记。再精彩的段落、再美妙的诗篇，天长日久，也会慢慢遗忘的。俗话说"好记性不如烂笔头"，为了使所学的知识可以长久地保留下来，除了课堂笔记本外，每人还可以准备一本课外笔记本，专记在课外阅读到的精妙格言、警句，有启发意义的段落，有韵味的小诗及自己的心得、体会等。一学期坚持下来，往往有厚厚的一本，可谓"百宝箱"，捧在手里的时候，心里是从未有过的充实。

○ 概括中心思想有技巧

题目是文章之眼

切莫忽视文章的题目，它是文章之眼，往往是文章中心思想的集中体现。有些文章的中心思想表达得比较明确，稍加分析，即可得出。但有些文章的中心思想暗含在字里行间，比较隐晦，需要经过细心地分析和揣摩才能提炼出来。

其实，快速、准确地把握文章的中心思想是有技巧可寻的。比如一目了然型，以《伟大的友谊》为例，从题目中就可以概括出这篇文章的核心思想，是在歌颂马克思和恩格斯在共同的奋斗中建立了伟大友谊。

开头是全篇的序幕

文章的开头是全篇的序幕，起着提纲挈领的作用。针对这一特点，可以从文章的开头找到中心思想。

例如《詹天佑》一课，作者一开篇就点明"詹天佑是我国一位杰出的爱国工程师"，使人一看文章便知作者的写作目的，从而加深对文章的理解。

过渡句段是关键

有些课文，特别是介绍科学常识的课文，内容涉及到的事件或项目较多，这类课文中间起承上启下作用的过渡句段往往是中心句最易出现的地方。如《太阳》这篇课文的过渡句是"太阳虽然离我们很远很远，但是它和我们的关系非常密切"；又如《灰尘的旅行》中有一句"灰尘的旅行，对于人类的生活有什么危害性呢"。这些过渡句就是文章的中心句。

结尾段画龙点睛

很多文章作者会把核心思想放在结尾处，以总结全文，升华思想。因此，可以说结尾段在这类文章中起着画龙点睛的作用。根据这一特点，我们可以对文章的结尾进行分析并概括出中心思想。

例如《再见了，亲人》一课，就能根据课文的最后一句"我们的心跟你们永远在一起"，概括出文章体现中朝两国人民深厚友谊的中心思想。

把握写作背景

要分析文章的中心思想，如果不了解它的写作背景，那是无法准确把握的。

例如，想要读懂高尔基的《海燕》，首先要了解其历史背景，也就是在19世纪末20世纪初，世界革命的中心转移到俄国，俄国革命运动风起云涌。其次要了解1901年高尔基在彼得堡目击沙皇军警镇压、屠杀游行示威的学生后，立即在一些作家和社会活动家联名写的《控诉政府抗议书》上签了名。回来后，他结合当时的革命斗争形势，写了一篇带有象征意义的短篇小说《春天的旋律》，《海燕》就是这篇小说的尾声部分。如果不了解这些，就很难理解高尔基在《海燕》中抒发的感情，也很难理解这篇散文诗所表达的深刻的中心思想。

议论部分见核心

作者在文章中穿插的议论部分往往正好体现了他的观点。因此，我们读书时一定要注意从作者的议论部分找中心。

例如，《白杨》一课，可以从课文的"爸爸只是向孩子们介绍白杨树吗？不是的，他也在表白着自己的心"这句话中概括出课文的中心思想。

还有一些课文中，作者的议论部分会集中在某一句段，这些重点句段就是文章的中心思想所在。

如《落花生》中的一段写道："人要做有用的人，不要做只讲体面，而对别人没有好处的人。"

再比如，《大森林的主人》一课中猎人所说的话："在大森林里，你不能像个客人，得像个主人。只要肯动脑筋，一切东西都可以拿来用。"抓住这样的重点句段，中心句也就找出来了。

第二章

学习数学的高效方法

- 数学没有想象中那么难
- 概念理解要正确
- 寻找解题突破口
- 推理思维时常练
- 抓好课堂 45 分钟
- 学数学有方法
- 今日事，今日清

数学学习离不开代数和几何，而这两个数学的分支分别有不同的学习方法。代数注重变化的能力，几何注重抽象思维、辨别图形的能力。

○ 数学没有想象中那么难

在日常的学习中，你是不是感觉到最难的学科是数学？当然了，很多同学都因为数学成绩不佳，而把数学看成了最头疼的学科。甚至有的同学从小学开始，就已经准备放弃数学了，这种情况下导致的偏科，在以后将是不可弥补的。所以，千万不要错误地以为数学很难，不要放弃它！

数学需要以基本知识和原理为基础，培养解决问题的能力和探索的能力。因此，要想学好数学，首先必须理解一些基本概念，学会分析图表等资料，以此来推理出结论。另外还有一点也很重要，就是能够把到目前为止学过的原理和方法应用到解决实际问题中。

很多同学并不是因为智力或其他因素学不好数学，而是在第一步没有解决好基础概念的问题，导致后面的失利。那么，因为缺乏基础而学不好数学的同学，是不是永远也学不好呢？这些同学应该怎么做才能补好基础呢？其实，从现在开始努力，一点也不晚。

同学们完全不必觉得打基础是件很困难的事情，其实很简单，就是多练习，多做些简单的题，基础自然慢慢就建立起来了。

现在的课本中，有很多简单的数学题目，可以先从这里开始。做过大量的题之后，基础会逐渐坚实起来，慢慢就会具备解决难题的能力。

数学学得好的同学，大都在小学三年级就会做四、五年级的题了，这是很正常的。只要把一年级到三年级的定理和公式都记住了，谁都可以这样。通过这样的学习，还可以增强自信心，获得成就感。

对数学来说，解题的过程比答案重要得多。就算答案错了，也一定要弄清楚到底是哪个中间环节出了错。只有这样，数学水平才会提高，学习起来才会有更大的兴趣。

学习数学，除了用功之外，最重要的是用心，要更多用自己的智慧去思考，而且不要孤立思考。只有想得深入，才可以举一反三。当你真正做会一道题，真正理解一道题的时候，与此类似的两道题、十道题，都可以迎刃而解！

○ 概念理解要正确

概念是进行正确思维的前提和依据。没有明确的概念做基础，逻辑思维将是无源之水、无本之木。概念不清就会思维混乱，必然会导致计算、推理发生错误。要学好数学，首先要正确掌握、深刻理解各种重要的数学概念，我们可以从以下几个方面多下功夫。

从文字上仔细领会

数学概念大都是用文字来表达的，且文字精练、简明、准确，所以对有些数学概念的辨析简直需要"咬文嚼字"。

例如"数列中从第二项起，每一项与前一项之差都等于常数，则此数列称为等差数列"。这个定义粗看起来似乎是对的，仔细一想就会发现问题，应将"常数"改为"同一个常数"，否则"3，5，6，9……"不也成了等差数列吗？因为它们的"差"分别为"2，1，3……"都是常数。

从正反面反复比较

为了对概念做进一步理解，还可进行正面辨析和反面比较。以"角"的概念为例，中学阶段出现过不少种"角"，如直线的倾斜角、直线与平面所成的角、复数的辐角主值等。它们从各种定义出发，都有一个确定的取值范围。

如果直线与平面所成的角，是"平面的一条斜线和它在平面内的射影所成的锐角"，那么这条直线与其中一条射线所形成的角只有一个。反过来说，如果不规定是"锐角"，那么这个角就不是唯一的了。因为我们可以发现斜线和它在平面内的射影所成的角应该有两个，可能是两个直角，也可能一个是锐角，另一个是钝角。

从特例中验证

对概念的理解产生偏题的常见病之一是"忘记特例"。

例如，"任何数的零次幂都等于1"这句话其实是不对的，因为零的零次幂无意义。"经过球面上任意两点一定可以作唯一的大圆"，这句话粗看起来没有什么错误，因为球面上两点和球心一般只能确定一个平面，但当这两点和球心在一条直线上时，就可以做出无数个大圆了。

从条件的限制加深理解

对概念的理解产生偏题的常见病之二是"忽视条件"。

例如，"根号下被开方式的取值范围大于等于0"这个概念看似正确，但却忽略了它的限制条件为偶次方根。当题目为奇次方根时，被开方式可以为负数。如果忽视了条件，就会曲解题意，使结果面目全非。

○ 寻找解题突破口

在很多人眼里，数学是一门很复杂、很难学好的学科，尤其是对那些自信心不强的人来说，没有聪明的大脑和敏捷的思维成为他们学好数学不可超越的障碍。

其实，这只是一种片面的认识，聪明和敏捷对于数学学习来说固然重要，但良好的学习方法更显得必不可缺。因为良好的学习方法可以把学习效果提高几倍，这是其他先天因素不可比拟的。

要想学好数学，培养良好的数学思维尤为重要。数学思维要从小开始培养，比如做一道数学题，每一步都要多问几个为什么，不能只满足于老师课堂上的灌输式传授和书本上的简单讲述。要想提高，必须一步一步推、一步一步想，每一个过程都是必不可少的，都是要有其逻辑根据的。一步接一步，一环扣一环，步步不可少，环环不可缺，这在无形之中也就培养出了数学思维。其实这不仅对数学的学习，对你以后一生的学习、工作都是大有益处的。

把握关键数据

一道数学题中有许多可以利用的信息，有的直露，有的隐晦；有的重要，有的次要。我们应当学会抓住最主要的信息，从关键处入手，这样往往更容易找到解题的突破口。

例如，某工厂共有工人1300人，如果调走男工的1/3，又调走女工50人，这时工厂现有的男女工人的人数相等，问：这个工厂原有男女工各多少人？

题目的四个主要条件中，"男女工人数相等"是一个关键信息，必须首先抓住这一点。之后再去分析含有分数的句子，由此可以设定原先男工人数为"1"，这样现在男女工人数的对应分数比例都是（1-1/3），由此可先计算出男工人数：（1300-50）÷（1-1/3+1）=750（人），再求出女工人数：1300-750=550（人）。

当题目中出现"……相等""比……多（少）""是……倍"等类型的特殊句子，这些特殊信息往往就是解题的突破口。

追踪因果关联

数学应用题中都存在着或明或暗的因果关联，这些关系在有些题目中体现得比较显眼、突出，这时，只要紧紧抓住"果"去寻"因"，便可以很快找到解题关键。

例如，一个长方体木料，高增加2厘米，就成为一个正方体，这时表面积增加了56平方厘米。问：原来长方体木料的体积是多少？

首先，抓住"果"，即表面积增加56平方厘米，向前追问：立方体的表面积为什么比原来增加了56平方厘米？原因十分清晰："高增加了2厘米"。

紧接着，继续抓住"果"，即长方体变为一个正方体，向前追问：原来的长方体是怎么变成正方体的？——高增加2厘米；一共有几个面的改变导致表面积增加56平方厘米？——四个面；增加的每个面是什么形状？——长方形。

这样的追问，使题中一系列信息不断产生联系，解题关键便一目了然：

①求出每个长方形的面积；

②求出正方体的棱长；

③求出长方体的长和宽；

④求出长方体的高；

⑤求出长方体的体积。

即（56÷4÷2）×（56÷4÷2）×（56÷4÷2-2）=245
（立方厘米）

显然，"求每个长方形的面积"这一判断，就是从题中因果关联的分析中做出的。

摸准结构特征

典型数学题的结构特征往往也比较明显，而这种典型结构正暗示了解题思路的突破口，如归一问题的解题关键是先求同一个单位的数量；平均问题的解题关键是找到总份数对应的总数量；相遇问题的解题关键是先求出两车速度的和。这些应用题大多可从条件或问题入手，用分析法和综合法找到解题思路。

抓住算式的结构特征或几何图形的结构特征下手，也是找到解题入口的通法。

例如，计算$45 \times 28 + 46 \times 72 = ?$

看到这种"乘加"结构，立即会联想到乘法分配律的结构，再将式中个别数据做适当处理，便能找到简便计算入口：

$$45 \times 28 + 46 \times 72$$
$$= 45 \times 28 + 45 \times 72 + 72$$

$$=45 \times 100+72$$

$$=4572$$

抓部分情节

俗话说，万变不离其宗。表面上较复杂的应用题实际上是由几道简单应用题组合起来的。因此，组合后的应用题不仅数量关系变多了，有关的情节也复杂起来。遇到这类题目莫慌张，只需将有关情节层层分割开来，优先抓住关键情节，暂时舍弃一部分次要情节，集中精力突破重点情节后再依次解开其他情节即可。

例如，单独加工一批零件，甲需要8小时，乙需要12小时，甲乙两人同时合作加工4小时，这时甲比乙多做25个零件，照这样计算，完工时两人各做了多少个？

这是道情节和关系都比较复杂的综合题。首先，应将原题分割成三个部分（以完整句划分），然后判断到底先从哪个情节入手？

显然，只有解决了第一个情节问题，后两个问题才能迎刃而解。

①甲比乙每小时多完成几分之几？

$$1/8 - 1/12 = 1/24$$

②甲乙合作几小时完成？

$$1 \div (1/12 + 1/8) = 4.8 \text{（小时）}$$

第①个结论作用于第二部分情节，便可求得这批零件的总数：

$$25 \div [(1/8 - 1/12) \times 4] = 150 \text{（个）}$$

第②个结论作用于第三部分情节，便可求得最后的问题：

$$150 \times (1/8 \times 4.8) = 90 \text{（个）}$$
$$150 \times (1/12 \times 4.8) = 60 \text{（个）}$$

上面介绍了四种寻找解题思路入口的常见手段，实际解题时应灵活运用，有时还应根据具体题目，凭借经验、直觉、灵感等不断尝试，直至获得成功。

○ 推理思维时常练

不知道你有没有意识到推理能力的重要性，推理能力在阅读侦探小说的过程中，会得到很好的体现。它打破了我们以往的思维方式，不再是由原因推结果而是由结果倒推过程，是不是很特别呢？

很多同学开始学习时，都是先打开参考书，而不使用推理能力，靠死记硬背来学习。一旦养成这种习惯，无论在考试中还是平时的学习中，只要遇到疑难问题，他们就会轻易放弃，甚至产生厌学情绪。

而那些不依赖参考书，完全靠自己的力量去解决难题的同学，每解出一道难题，就会有很大的成就感，这又进一步增强了他们的学习兴趣。

另外，推理能力也可以开发思维。人的思维往往偏向于经常思考的问题。"水滴石穿，绳锯木断"，经常在一件事上下功夫，一定会有收获；经常想一件事情，在这方面的思维能力就肯定能得到提高。

那么大家平时多想想，怎么才能更好地学习呢？让思维能力偏向这个方面，慢慢地就会找到好的学习方法。

另外，当考试中遇到不会做的数学题时，千万不要马上放弃，多运用推理能力，或许就能找到答案。就算这次考试没有做对，下次遇到类似的问题也绝不会再错。

○ 抓好课堂 45 分钟

有位优等生曾经这样说道："有的同学问我：'我觉得自己的智力水平在班里算不上突出，现在成绩又比较靠后。你说我有可能在这一年，甚至半年之内赶上去吗？'

"每当这时，我总是斩钉截铁地对他说：'能，一定能！'

"因为在我们那个26人的集体中，有着许多天分很高的同学，与他们相比，我的智商是不具备太强的竞争力的。要说刻苦，其实那时候我们成天在一起上课，在一起自习，晚上10点钟一熄灯又得上床休息，即使想要'头悬梁、锥刺股'，也找不着地方。因此，我把自己的进步归于方法，也就是规律。"

　　课堂上的45分钟抓得好，绝对能收到事半功倍的效果，并且能逐渐培养起自己强烈的求知欲。相反，如果我们不能从思想上给予充分的重视，那么这短短的45分钟绝对是转瞬即逝，落下的知识也许自己当时并不觉得，但往往是今后许多日子想补也补不回来的。

　　大家都知道上课听讲应当全神贯注，但有一个关键的问题要注意：千万不要被动地一味接受知识，而应该在听明白的基础上，积极地思考。你的大脑应该像机车里的飞轮那样始终不停地飞快地旋转着。你可以经常考虑一些问题，比如说：老师现在讲的内容和前面有什么联系？他讲的新定理、新理论能立刻用来解题吗？该怎样用……尤其是在讲例题或习题的时候，你所要做的绝不是目不转睛地盯着黑板，虔诚地等着老师开口讲题，而是最好能在老师抄题的时候就开始思考，在他抄完的时候就开始做题，即使做不完，能想出一个方法也是好的。然后再看看老师用的是什么样的方法，比起你的又如何。如果老师要开始演算解题了，这时千万不要傻傻地看着他一步步地把答案做出来，一定要亲自动手算一算，哪怕是很简单的几步也好，这样，假如自己的运算过程有错的话一眼就能够看出来。而且，如果你发现自己的方法比老师的还简捷（很有可能），或者自己的推导过程既干净又漂亮，你会觉得学习这件事竟然充满着这么多的乐趣，那种感觉真的很棒！只要你每一堂课都坚持这样去做，经过一个月，你的思考能力、计算能力一定会有进步，你的学习成绩一定会有提高。

人人都认为填鸭式的教学方式枯燥无味，希望老师的讲课能有更多的启发性。可是，如果我们能够主动地支配自己的大脑，主动地在课堂上发现、分析和解决问题，你就能够做课堂的主人，在枯燥中发现乐趣，在困惑中找回信心。在你对老师的授课水平感到失望的时候，你自己听课水平的提高无疑是为你的体内注入一针强心剂。解惑释疑、传道授业，这些主要都是通过课堂来解决的。课堂上，通过聆听老师讲课，不仅能够学到知识，而且还能开发智力、提高能力、掌握方法，养成良好的思维和学习习惯。

小学时代，学生在课堂上听老师讲课是一天学习的主要内容，老师的传授是知识的第一来源。课堂学习是不可替代的学习的基本形式，它的高效也是其他形式的学习所无法比拟的。

○ 学数学有方法

这里介绍几种数学学习过程中常用的方法。

分类法

分类法是一种重要的数学思想方法，在数学课本中分类思想的应用比比皆是：有理数的分类、直线位置关系的分类，等等。

正确完整的分类应该满足下列原则：按同一标准分类；没有遗漏；没有重复。

如果有理数分为正有理数和负有理数，这就遗漏了既不是正有理数，又不是负有理数的有理数"0"。

善于分类，能帮助我们把纷繁复杂的材料或研究对象条理化、系统化，形成简化的、有效率的思维方式。

归纳法

通过对若干特殊、具体的情形进行分析，得出一般结论的思维方法就叫归纳。归纳是人类思维的最基本的方法之一。归纳推理是数学中常用的重要的思维方法，它通常有两种形式：不完全归纳法和完全归纳法。初中数学应用的归纳方法大多是完全归纳法。

比如，观察下表中的运算结果：

a	a^2	a^3	a^4	a^5	a^6	a^7	……
3	9	27	81	243	729	2187	……
−2	4	−8	16	−32	64	−128	……
0	0	0	0	0	0	0	……

由上表可以推知：

正数的任何次幂都是正数；

负数的奇次幂是负数，偶次幂是正数；

0的任何次幂仍得0。

图形法

图形的直观、形象可以帮助我们记忆。不少同学常出现 $(a+b)^2=a^2+b^2$ 这类错误，如果结合下页左面的图形记忆公式，就不会出错。特殊角的三角函数值，也可通过记住下页右面的直角三角形，联想定义而得到。

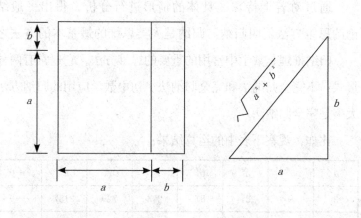

背诵法

日本一位数学家曾说过这样的话："不需要创造力，也不需要分析力。只要把问题的题型背起来，然后套进去做即可。"拿实际状况来说，上过补习班的学生解答复杂算术问题的能力确实强得惊人，但这并非是他们的脑筋特别好，而只是因为他们记住了问题的题型和解法。

要独立解答入学考试中的算术问题是很困难的事，就算让专门使用数学的人来解，恐怕也没办法在规定时间内答出来。由此看来，数学也可以说是背诵的科目。背诵法尤其适用于数学考试前的复习阶段。

学校的数学并不要求学生创造新的数学理论，只要理解以前的大数学家所建构的体系即可；而考试也只是在考学生能否正确地理解这些体系，范围内等于固定值，并要在规定时间内解出答案。

数学公式虽然要背，但是并不是一开始就囫囵吞枣地背下来，那样机械性记住的公式、系数和符号容易变得模糊，最好先把公式的导法记住。

反证法

反证法是一种间接证明法，它不直接证明命题"若A则B"（即A→B）为真，而是从反面去证明命题的否定"A且非B"（即A∧¬B）为假，从而肯定"若A则B"为真的证明方法。

学习反证法应把握它的一般步骤：

①反设：假定所要证的结论不成立，而设结论的反面（命题否定的）成立。

②归谬：将"反设"作为条件，由此出发经过正确的推理，导出矛盾——与已知条件，已知的公理、定义、定理及明显的事实矛盾或自相矛盾。

③结论：因为推理正确，产生矛盾的原因在于"反设"的谬误。既然结论的反面不成立，那么就肯定了结论成立。

反证法是在中学平面几何中出现最早的一种证明方法。

在讲到直线性质"两条直线相交，只有一个交点"时，就用了反证法来证明：若两条直线不只有一个交点，如有两个交点C、C'，则经过此两点的便有两条直线。这与"经过两点有且只有一条直线"的公理矛盾，故原命题成立。

○ 今日事，今日清

要尽早地解决课堂上遗留下来的疑难问题。所谓"及时复习"，应该做到以下几点。

首先，趁热打铁，当天的知识当天消化。如果自己苦思之后仍有不明白的地方，要主动地向老师请教或和同学讨论，绝不能让问题积少成多。

其次，如果这一天还有剩余的自习时间，应尽早地开始写作业，即使做掉一部分也是好的。如果你总能先走一步，赶在别人前面完成作业，就能逐渐在心里树立起一份自信，并且对于培养自己对这门课的兴趣也是很有好处的。

再次，利用周末的时间，完成剩余的作业。

最后，在每一章结束的时候，应拿出足够的时间把这一部分的内容做一个系统的复习。只是看一遍书和笔记，完成书上的练习题是不够的，应该在课外的参考书中，找出一到两份难度略有提高的卷子，自己测一测。

第三章

学习英语的高效方法

- 学好语音，打好基础
- 在梦里也用英语说话
- 将对英语的热情维持下去
- 羞涩，请立即发言
- 用英语来理解英语
- 温故知新
- 给阅读提速

在英语学习中，大家一定要全面进行听、说、读、写、译的基本训练，要在不同的阶段有所侧重，这样才能收到较好的学习效果。

○ 学好语音，打好基础

任何语言都是首先以声音作为交流思想的工具，英语也是如此。在英语中，语音既是一门专门的知识，又与单词的拼写、构词法及句子的语法都有着密切的联系。

在实际的学习和使用中，语音的缺陷往往会影响到对词汇的记忆，更会影响到对在实际语言交际中的表情达意，因为听力和口头表达能力都是以语音为基础的。学好语音语调是打好英语基础的关键。语音语调学好了，记忆单词、输入句子、英语朗读、提高口语、进行阅读写作就都有了坚实的基础。所以，学习英语必须从学习语音开始，掌握了一定的语音知识，也就拿到了打开英语大门的钥匙。

英语与汉语属于不同的语系，在语音上与汉语存在很大的差异，这些差异给我们学习英语语音带来了一定的困难，如英语的元音有长音、短音之分，而汉语中则不明显。因此，我们在学习时，常常是长音发不长，短音发不短。英语中的连读，是简化发音动作、提高语速的一种手段，而我们读汉字则习惯一个字一个字地朗读。

英语中还有一些音在汉语中没有对应的音，我们在发这一类音的时候，往往会发不准，或者用汉语中有些相似的音来发，但由于发音的部位不同，所以发出的音也并不准。

那么，语音的学习有哪些要领和方法呢？

准确模仿

我们学习英语语音，主要的途径是在听清老师的发音或英语录音的基础上，进行反复模仿。听是语音学习的第一步，必须听得清楚明白、准确无误，听不准音就谈不上模仿，也谈不上学习正确的语音语调。很多同学发音不正确的原因之一，就是没有听清、听准。必须在听清、听准、听熟的基础上反复练习。

当然，练习还需要一定的理论指导，就是要弄清楚每一个音的发音部位和发音方法。有时候，一个音明明听清、听准了，自己却怎么也发不对，这就是因为没有掌握发音的部位和方法。尤其是汉语中没有的语音，要注意把英语和汉语的发音做比较，找出发音的困难所在。领会和掌握发音的部位和要领后，再进行模仿练习，如摩擦音［θ］的发音部位和发音方法是：将舌尖放在上下齿之间，让气流通过舌尖和上齿之间的缝隙，然后发［θ］。

对比学习

学习发音时，还可以通过相似的语音的对比来掌握发音的要领，把握发音的限度。如很多初学者分不清［e］和［ae］之间发音的差别，就可以通过对二者的发音方法进行比较来区分：发［e］时，上下牙齿之间可以容一指宽的距离；而发［ae］时，上下牙齿之间可以容两指宽的距离。这样在练习的时候就有了大致的标准。

对比还可以通过汉语语音与英语语音之间的对比来进行。如汉语中的一些声母b、p、m、f、d、t、n、l、g、k、h、s、w等，去掉了后面的韵母后，就与英语的辅音［b］、［p］、［m］、［f］、［d］、［t］、［n］、［l］、［g］、［k］、［h］、［s］、［w］等音相同。通过这种比较，有利于了解英语发音与汉语发音的异同点，能够从中掌握规律，获得模仿的主动权。

语境练习

在实际的交往活动中，听、说、读、写不是以孤立的音素和单词为单位进行思想交流的，而是以综合的句子和更高一级层次的话语为单位进行的，孤立的音素和单词的发音在综合的语流音变中运用会产生很大的变异，如连读、弱化等影响。老师们应该在语流音变中进行语音教学，学生们应该在整体的句子里学习英语语流音变现象，这样才能真正学好语音。

在真实的语境中学习语音是通过句子把英语语音中所有的现象，包括音素、拼读、重音、弱读、节奏、停顿、声调等统一起来进行的学习。在这个过程中，大家不仅要练习发音、拼读，而且要培养对英语语调中的一系列特殊现象，包括语流音变中的连读、同化、弱化等在内的综合掌握及运用能力。

只有将音素、拼读等单项语音学习与实际的语境结合起来，在真实的语境中学习英语语音、语调，才有利于获得英语语感，掌握正确的语音、语调。

朗读练习

朗读是提高听说能力的关键方法之一，也是增强英语语感的一种重要途径。首先要搞好跟读，即跟着老师读、跟着磁带读。在跟读时，要集中精力，不要懒洋洋地、不动脑筋地读。朗读时，口、眼、耳、脑应同时并用，这样才能提高记忆能力，从而达到朗读的目的。

朗读时，还应注意语气、神态，要通过朗读做到心领神会。对一些一时难懂且百思不解的句子，可以多念上几遍。这样，你往往会茅塞顿开、恍然大悟。

朗读和默读应交替进行，这样效果会更好。一开始，朗读速度不要太快，但求语音、语调准确，然后再逐步提高速度。

一篇文章从慢到快要反复读多次。有时，也可以先连续读几遍，隔几天再重新读一两遍，这样会收到很好的效果。文章要读到脱口而出，在此基础上也可自行背诵或予以转述，这样便能更好地发挥朗读的作用。

○ 在梦里也用英语说话

有人说过：当你开始用英语做梦的时候，你才真正了解了英语。不知道有多少同学有过在梦中与人用英语神侃的经历，但大家对于英语的执着与向往却从未停止。

作为一门语言，英语是传情达意、交流思想的工具，它有着不可替代的社会功能。语言能力包括听、说、读、写，这四者又是环环相扣的，少了哪一个环节都会使语言能力大打折扣。这是一项综合能力，它不仅体现了"怎么说""怎么做"，还体现了"怎么想"。

自身的努力更是至关重要。一开始，很多人总是"犹抱琵琶半遮面"地说不出口，脑海中出现一个中文词汇后苦于找不到表达其意的英语单词，所以一句话说了上半句却来不及说出下半句；有时找到了适当的单词，却又在脑中想着怎样组词成句，千般小心地避免语法错误。这样一来，本想表达的意思自然失去了魅力，即使说出口也只是最简单的句子，干巴巴的没有韵味。只有让自己多开口，大胆地参加各种活动，如英语演讲赛、英语辩论赛，去英语角交流，主持英语俱乐部，找各种机会与外籍人士练习对话等，才能在不知不觉中，攻破心理上的屏障。

许多人急于练口语，只把功夫花在嘴上，结果收获甚微。其实，头脑的功夫是不可省的。口语的最大障碍往往就是思维方式的障碍。我们习惯用中文思考，用英语表达，头脑只是起了"翻译机"的作用，多转了一弯就会造成许多不必要的麻烦，也抹杀了语言本身的纯正。于是，当我们第一次有了用英语说话的梦境时，心中便会充满了胜利的喜悦。

任何一门语言都是精妙的，我们要学习它、欣赏它、驾驭它并非是一蹴而就的事。学语言贵在坚持，古人说得好："一日不学，百事荒芜。"有耕耘就一定会收获丰硕的果实，学习英语也是如此。

○ 将对英语的热情维持下去

要学好英语，除了要有明确的学习目的外，首先要培养学习英语的兴趣。兴趣是学习的动力之一，匈牙利语言学家卡莫·洛姆布曾用一个简单的公式表示语言学习的成就：付出的时间+兴趣=结果。真正的兴趣总是激励学生千方百计地去实现自己的目标。

刚开始学英语时，学生对英语有着强烈的新奇感。他们会好奇："日常生活中外国人都是怎样说话的？"他们也很期待自己有一天能够与外国人谈话。在这个阶段，英语中的每一个音素、每一个单词以及每一个句子，对他们来说都是富有吸引力的。浓厚的好奇心、求知的欲望和与外国人交往的愿望转变为强烈的学习热情，因而此时的同学们学习劲头都很足。

但是，怎样才能将这种学习热情保持下去，并进一步培养为学习兴趣呢？唯一的方法就是使学习英语的过程变得愉快起来，让学生们觉得英语学习不是一种沉重的负担，反而能够从中得到乐趣。

初学英语时，学习的内容相对浅显，老师只要抓紧听说练习，就会使学习变得生动有趣。例如，在字母学完后，就出现了 This（That）is a……,What's this（that）? It's a……三个基础句型。这时，千万不要认为这些句型太简单，就觉得没有必要多花时间练习；正相反，我们要利用已经学习过的名词，反复练习这三个句型。课后复习时，可以跟同桌或者好朋友互相用句型提问，这样就把枯燥的背句型练习变成了有趣的游戏。

随着年级的升高，学习的知识逐渐增多，这时可以尝试把所学的内容编成日常生活会话，如见面时的招呼、告别、探望病人、问路、借东西和请求帮助等。还可以做比较连贯的较长的叙述，如介绍自己，谈谈自己的家庭、学校和班级等。

当已经具备一定的听说能力，掌握了一定数量的词汇，并且已经学习了大部分基础语法后，可以根据自己的爱好选择英语阅读材料，将英语变成一种增加知识、拓宽视野的工具。例如，有的同学为了便于集邮，会阅读一些介绍集邮的英文资料；喜爱足球运动的同学则阅读了有关外国球星活动的报道；电影爱好者对介绍外国影片及电影明星的文章很感兴趣；有些女同学对外国时装杂志十分喜爱。这些同学总会找到自己需要的材料，从紧张的学习中挤出时间进行课外阅读。他们不仅觉得学习英语有用，而且从学习中找到了乐趣。

我们还可以通过预习课文和英语浅易读物来练习阅读，提高学习兴趣。有条件的同学还可以练习用自己的语言改写课文，如原课文是以第三人称描写某人的活动，我们可以改用第一人称来写自己的活动；课文出现直接引语时，我们可以把它改为间接引语；复合句可以改为简单句。在改写过程中尽可能地使用原课文中的词和句型。这种把读和写联系起来的练习，可以提高我们的写作能力。

参加各种课外活动也是培养学习兴趣的重要手段，如学唱英语歌曲、朗诵诗歌、讲故事、猜谜语、排演英语短剧以及举行英语晚会等；积极参加各种竞赛等，如英语书法比赛、朗诵比赛、讲演比赛和歌咏比赛等。这些趣味盎然的活动，都会使我们的英语学习丰富多彩。

英语本来就是一门有趣的学科。如果我们能注意培养学习兴趣，自始至终都能生动地、饶有兴趣地学，那么我们就可以战胜学习的顽敌——厌烦情绪，使英语学习坚持下去。

○ 羞涩，请立即发言

从学习第一个字母起，就要乐于开口。要养成良好的朗读习惯，大声朗读单词、朗读句子、朗读课文。学习顺利的时候要朗读，学习开始感到吃力时，更要坚持朗读。学习课文时，尤其要把好开口关。每天早晨或晚饭后要坚持课文的朗读训练。较短的课文要在朗读基础上进行背诵；较长的课文要坚持学会改写成短文，并在写好的短文基础上口头转述这类课文。要养成在课堂上大胆回答老师提出的各种问题，尤其是要养成用英语回答老师提出的各种问题的良好习惯，还要养成在课内外说英语的好习惯。

朗读、背诵、口头转述课文、口头回答问题和课内外坚持学说英语等口头学习方式有利于脑、眼、口的高度协调，对提高学习效果、增强学习兴趣都有极大的作用。在英语学习中切忌只用眼与手的哑语学习方法。不乐于开口、不勇于开口是学不好英语的。

所谓开口，就是指朗读与会话，或称为口头表达能力。练口语，首先提倡一个"抢"字，我们生活在汉语语言环境中，练英语口语的机会稍纵即逝。练口语，最忌讳"害羞"，怕讲错了被人笑话而羞于动口，那么永远也讲不出好的英语。

练口语有以下几种方式。

（1）模仿

用相同的语音、语调、节奏跟着老师读或跟着录音读。模仿的先行步骤是听，听准了才能读准、说对。

（2）朗读

看着文字材料自己读，可以看一句读一句，专注体会、以情统调、声情并茂。朗读时要注意连贯性，做到音、意、情融为一体。

（3）背诵

不看文字材料、不听录音，自己尝试背出原文。背诵要在充分理解内容的基础上进行，而不是死记硬背。背诵可以帮助我们积累语言和文化方面的素材。

（4）复述

学完一篇课文之后，将主要内容用自己的话讲出来，可改换人称和讲话角度等。对于同一内容可以尽量用不同的表达方式去讲述。

（5）对话

根据一定的情景进行双人、三人，甚至多人之间的对话交流，若情景有一定的故事性，还可配以道具进行表演。

（6）读图

根据图画、幻灯片等进行问答练习或独白练习，可描述单幅图，也可讲述系列连环图。

（7）讨论

围绕课文中或日常生活中的某一话题展开讨论，提出鲜明的观点和有力的证据。

○ 用英语来理解英语

对词汇的掌握不要局限于课本和考卷，更不要局限于为记单词而记单词。要记住单词所处的句子和语境，而不是记它是在什么文章中出现的；要记住它意味着什么，而不要记它的意思是什么。从一种语言到另一种语言是很难精确描述的，只能去感觉和体会。

用英语来理解英语，这是学英语的最高境界。就像学习母语，一开始并没有任何一种语言供我们参照，只有自身的感觉和习惯。我们是将每一种感觉、行动、事物与一个个字词建立了联系，才将母语脱口说出。因此，掌握一个词的感觉，就掌握了这种语言的一片领地。而且，无论哪种单词出现在我们面前，都要争取能读它、写它、把握它，而不是记忆它、背诵它。因为我们的最终目的是为了学习一门语言，而不是为了考试。

有了大量词汇的积累，再多的语言难点都可以迎刃而解。在这一过程中，同样也要注意三点：

①充分利用书本，完全掌握词汇，最好、最省力的方法就是将例句背得滚瓜烂熟；

②要反复记忆，背出单词后要找到一切可能的机会去加强记忆，记忆的牢固程度是和使用次数成正比的；

③永不停息，背单词的大忌就在于背背停停，这样的

效果是最差的（虽说比不背好）。一旦开始背了就要天天坚持，不一定要刻意去追求数量，有时一两个也可以，关键在于连续和质量。另外，还要加强词义归类，总结常用词的习惯搭配，这对学习水平的提高和应试都是有帮助的。

○ 温故知新

对已有的知识经常重复，经常使用，才能有所积累。已有的知识，只有应用于生活中才能得到巩固，这也是掌握它唯一的途径。比如在记忆单词时，某一生僻词初记简单，可只要一段时期不用，必然就会退出你的单词序列。这就要求你有持之以恒的精神，勤动笔、多开口，在实践中不断进步。

生活在汉语的环境中，要想使英语口语能力提高，就要有坚定的信心和坚强的意志，并且不能坐等机会，要积极为自己争取每一个机会。比如看到各种英文标志，我们就可以随手记录下来，梳理一下我们脑海中的英语积累，然后温故知新。

词汇

在课文复习过程中，可结合语音复习词汇，归纳比较音同形异、音近形异或音异形近的词。例如：

音同形异的词：

one,won;

son,sun;

write,right;

week,weak;

meet,meat;

wood,would;

where,wear;

here,hear;

flower,flour;

practice,practise,etc.

音近形异的词：

eyes [aIz] , ice [aIs] ;

cause [kɔ:z] ,course [kɔ:(r)s] ;

heart [ha:(r)t] ,hard [ha:(r)d] ;

yellow , fellow , follow ;

wood , food , etc .

也可根据同一属类的词，进行归纳比较，理解词义及其基本用法。如：

home,house,family,folks;

works,plant,factory,mill;

the majority of,the great number of,a good deal of,etc.

句型

复习每一篇课文时，必须重点掌握一定数量的惯用词组和句型。但是，不要孤立地复习这些词组和句型，而要把它们扩展、归纳、比较，从而获得全面理解和灵活运用。

（1）动词句型的复习

比如在初中课文复习到这样一个句子：Can you get someone to copy this letter of thanks? 此句的动词句型是：to get sb.to do sth. 由此就可引导学生复习高中课文学过的下面两种句型：to get（have）sth+过去分词；to get sb.（sth.）+现在分词，并要求学生把开头的句子加以转换。即：

Can you get this letter of thanks copied?

Can you get someone copying this letter of thanks?

再区分下面两个不同意思的句子：

You had better get the TV repaired.

You had better not get the TV turning on all day.

上一句的意思是："你最好叫人把电视机修理一下。"

下一句意思是："你最好不要让电视机整天开着。"

又如在复习 to be made of, to be made from 的同时，复习高中课文学过的有关动词句型 to consist of, to be formed of ,

等等。

（2）复合句和简单句的互相转换，运用不同的句
式表达相同意思

①定语从句改为分词短语或介词短语作定语：

The question that he asked is easy to answer.

The question asked by him is easy to answer.

②状语从句改为分词短语、介词短语、以动名词短语为
介词宾语、不定式短语或独立主格结构作状语：

When he heard this he couldn' t help laughing.

Hearing this he couldn't help laughing.

On hearing this, he couldn't help laughing.

③条件从句与祈使句、独立主格结构的互相转换：

If you use your head, you will find a way.

Use your head，then you will find a way. （祈使句）

If the weather is fine, we will start tomorrow.

Weather（being）fine，we will start tomorrow.

（3）直接引语与间接引语的互相转换
这一句型的转换对提高口语表达能力有很大的帮助。

"Don't be late for school，boys and girls." said the teacher.

The teacher asked the boys and girls not to be late for school.

（4）注意某些单词在肯定句与否定句句型中的相互变化

如在否定句中， and 变为 or，already 变为 yet，both...and 变为 neither...nor 或 either...or 等。

He has already finished his homework.

He has not finished his homework yet.

Both Li Ming and liu Ying can do the work.

Neither Li Ming nor liu Ying can do the work.

Either Li Ming or liu Ying can't do the work.

语法知识

复习基础语法知识可以分散地结合句型的转换来进行。但是，单纯这种形式的复习是不够的，还必须努力建立对整个英语基础语法知识系统的概念，掌握各项语法在句子中的功能和特点及其互相之间的关系，这样运用起来才能更加自如。为此，在根据各项语法进行专项练习，并在复习练习过程中进行归纳比较的同时，还要努力构建综合的英语语法体系，提高综合运用的能力。如：

He left here in 1981.→He has been away form here for five

years.→ Five years have passed since he left here.→It is five years
since he left here.→He left here five years ago.

通过这种练习，不但可以懂得一个意思有多种表达形式，而且加深了对过去时态和完成时态的理解，同时又能归纳比较各种句型。

○ 给阅读提速

阅读能力主要包括两个方面，一是理解程度，二是阅读速度，二者缺一不可。阅读速度太慢，阅读时的注意力就容易分散，容易产生厌烦感，不利于获取信息；反之，只讲阅读速度而不理解读物的内容，则是白费精神，毫无意义。阅读速度的提高，有赖于理解程度的提高，而理解程度的提高，又有赖于大量的阅读实践，有赖于阅读速度的快慢。所以，二者是互为因果、互相促进的。

快速阅读分略读、校读和一般快读。略读是要求读者读过一篇文章后能在脑子里形成基本的印象、概念。校读则要求读者通过浏览找出某一方面的资料和数据。而培养和提高读者的能力基础的阅读速度则要求他们全面了解所读材料，不仅能抓住大意，还能理解重要的细节。虽然这种速度要比略读和校读来得慢，但是它是各类快速阅读的基础。学习速度出来了，其他速度也就迎刃而解了。

提高阅读速度，可以从以下几方面着手。

做好预读

预读是一项基本阅读技巧，一般包括：思考标题含义，速读作者姓名与书籍出版日期，看看封面或书中的照片或插图，速读目录内容，浏览索引或附录，速读作者简介及前言等。预读可以帮助读者探索性地推论出一本书或一篇文章可能涉及的范围，并促使读者积极思考，激发阅读兴趣，从而提高阅读速度和效果。

比如，文章标题是文章内容最简练的概括。预读标题后，人们会积极思考正文中可能出现的内容。由于有了这种预测，读者得到了一条理解文章的重要指示，在阅读中便可以有目的、有重点地去选择有用的信息，从而提高学习速度。相反，忽略标题预读的人在阅读活动的一开始就会处在一种被动与盲目的境地，不但读速缓慢，而且容易对文章产生厌烦情绪。

学会泛读

泛读，首先要注意速度。可根据阅读材料与自己的实际水平，选用适当的速度。开始时可稍慢一点，之后再不断提高速度。古人云"一目十行"，需要注意的是，千万不要把眼睛固定在单个的单词上，而应该在不断地阅读实践中，把阅读理解的单位扩大到词组、甚至意群。理解的程度提高了，眼停的次数就会相应减少，视幅也会相应扩大。

阅读的实质在于吸收信息，因此不要逐句翻译，不要死抠字词，更不要反复回视。要下决心大胆地往前读，一口气读到底。最后，再快速浏览文章的首段和尾段，这时文章的大体意思也就出来了。

阅读时切忌抠得太细，因为这也只会让你的注意力停留在表层，无法发掘文章的内涵。读完一篇文章后当时心里留下的一个疙瘩，说不定读到后面或读另一篇文章时就解开了，那时就会感受到阅读的乐趣。

防止回视

防止回视同样要进行训练。在课上阅读时，很多学生由于词汇量少、理解力差，往往要进行回视。预防这种毛病的最好方法是用尺子遮住读过的那一半句子，长期不懈地进行这种训练有助于防止回视的再犯，提高阅读速度。

尽量默读

阅读心理学的研究证明：出声的阅读比默读速度慢得多。也就是说，阅读所需要的是眼（eye）和脑（brain），而不是嘴（mouth）。在阅读时，要把不出声的口语活动贯彻落实得越彻底越好。另外，有些学生阅读时还有一个毛病，就是喜欢用手指着一个词一个词地读，这种指读（finger pointing）也会严重影响阅读速度，必须从一开始就予以纠正。

不要一遇上生词就查词典

一遇上生词就查词典，既影响阅读速度，又影响阅读兴趣。我们经常看到一些青年人阅读过的英文书籍，开头几页都密密麻麻地写了单词的汉语释义，但几页之后，书页就光洁如新。这说明过多地查词典，已经把他们的阅读兴趣给打消了。

要学会利用上下文找线索（context clues）来猜测生词的含义。养成猜译的习惯，可以大大减少查阅词典的次数。这对提高阅读速度，培养阅读兴趣是极为有利的。

此外，可以通过构词法来理解单词的意义与词类。如："The man who has made up his mind to win," said Napoleon, "will never say 'impossible'." 通过熟悉的单词possible，就会知道 impossible 是指"不可能"；同样，通过 measure，measurable，就能理解 immeasurable 的意思是"无法计量的"。

在阅读时不要慢咽细嚼

不要把注意力纠缠在无关紧要的语法细节，不要逐句翻译，而要把注意力放在捕捉材料中的主要意思、关键词语、重点段落、重点句上。因此，在阅读时，可以略去一些辅助信号，如不定式的符号、一般的冠词，等等。但是对一些表示不同关系的连词，如therefore, thus, because, as result, but, on the contrary，等等，要给予适当的注意。这样在阅读时，要求学生的思想高度集中，是视觉训练与思维训练的结合。训练到一定程度，就能做到如Frank Smith所说的那样："It is the brain that sees.The eyes merely looks under the direction of the brain."到了这时，就可以通过阅读比较自由地获取自己所希望获取的信息了。

提高阅读理解力

有可能的话，多读简单的英语课外读物（特别是假期）。很多人以为自己外语水平已经相当"高深"了，常常拿英文原著来读，结果是往往读不到10页，就在一片枯燥与茫然中放弃。因为有太多生词不认识，有太多简单的句子也不能理解。

我们应该优先找简单的读物来读，慢慢地发现自己对原著也能知其原味了。其实，这跟我们小时候看童话差不多，可能当时有些字我们不认识，但总体上很简单，情节又很吸引人，于是我们就一本一本地读下去了，我们的知识、理解力也就慢慢增加了。试想，如果一开始就拿一本哲学专著给你看，你能看得下去吗？多读一些简单的英语读物，就是将英语中最常用的、也是最精华的部分在我们脑海里活化，就是学会慢慢地用我们熟悉的词语去领会、把握那些掺杂其间的不熟悉的字词，并能从情节中体会到学习外语的乐趣！

快速阅读练习

计时速读练习步骤与要求：

第一，准备一只手表记下开始阅读的时间。

第二，阅读时克服回视，注意视读。

第三，阅读完毕时记下结束的时间。

第四，开始做附加练习题，不要看原文。

第五，自己核对答案，算出得分。

第六，算出阅读时间（即用结束时间减去开始时间），然后对照读取表，查出每分钟的阅读字数（WPM）并记录下自己的进度。

第四章

学习物理的高效方法

- 最大化课堂的价值
- 不可忽视的思维障碍
- 物理知识的系统化
- 用物理思维学物理规律
- 在复习中拓展知识

物理知识的意义体现在它产生、发展的整个过程。物理知识之间存在着错综复杂的关系，对物理知识的掌握与理解，在很大程度上取决于对知识间关系与联系的把握程度。

　　学好物理知识，要从以下几点着手：

立足课堂，夯实基础

　　课堂是学习物理基础知识和基本技能的主阵地，只有把握课堂，抓牢"双基"，学习必要的方法，才会有拓展、提高的可能。

注重探究过程，学习研究方法

　　物理是一门实验科学，学习物理要注重科学探究的过程，对于每一个实验探究不仅要知道怎样做，更要理解为什么要这样做，并能对探究过程和结果做出适当的评估。除了学习物理知识，还应学习相关的研究方法，如：转化法、控制变量法、对比法、理想实验推理法、归纳法、等效法、类比法、建立理想模型法等。

强化训练，提高知识的迁移应用能力

课外适当做一些补充练习是消化、巩固所学知识，拓展提高的一种较为有效的措施。在解题过程中要注意培养、提高审题能力。

优化学习方法，提高学习效率

如遇到学习的难点、疑点，不能花太多的时间去慢慢"磨"，应做好标记，跟同学讨论，最好能求得老师的解答，理解过程，掌握方法。

归纳概括,串前联后，形成综合能力

在平时的学习过程中，对所学的知识进行必要的归纳总结，并将新学的知识和前面的内容联系起来，注意它们的相同点与不同点，做到前后贯通。如学习功率的概念时可以对照已经学过的速度概念进行综合思考。

规范解答，注意细节

"规范"在考试中主要体现在简答题、作图题、计算题中。

○ 最大化课堂的价值

立足课堂，夯实基础。课堂是学习物理基础知识和基本技能的主阵地，只有把握课堂，抓牢基础，学习必要的方法，才会有拓展、提高的可能。听课得不得法，直接影响着学

生的学习成绩。

带着大脑去听课

一般而言，谈到如何听课，大部分人都强调要专心听讲、积极思考，切忌开小差或者交头接耳。但在实践中我们却常常发现，总会有一些学生，大脑智力正常，在课堂上也自觉遵守纪律，专心听讲，但是学习成绩却始终在原地徘徊，每每面对提问时，他们也总是支支吾吾答不上来。

其实，细心推敲，便能发现其中缘由——听课方式不得法，课堂上不得要领。想要抓住正确听课方式的精髓，首先就要思考以下几个问题：

①物理课的最大特点是什么？与其他学科有些什么不同？

②物理课目前的学习资料有哪些？分别属于哪一类型的资料？

③物理老师讲课时有哪些习惯？应如何做才能适应老师的教学风格？

任何一门学科都会有其自身不同于其他学科的特点，老师在讲课的时候也会有不同的授课风格。比如不同的老师在课堂上提出问题、操作实验、讲解问题等各个环节，都有自己设计的一套方法。老师的授课思路是在遵循教学大纲的前提下，依照学生的学习规律展开的，学生要尽量在听讲时让自己的思维活动跟上老师的思路，这样就会弄清知识的来龙去脉，把握物理学习的要领。

基本概念优先抓

学习物理，掌握基本概念是关键。听讲时，应该优先把握以下问题：

①基本概念的内涵和外延及其提出或推导过程。

②概念如何用公式表达。

③如何进行计算或应用。

④概念应用的范围和条件。

除此之外，还应从反面多问几个为什么，以便从不同角度加深理解。以这样的方式学习物理概念，才算是抓住了基本要领。

带着热情去参与

在班级讨论或者课堂提问中，很多学生因为自尊心强、怕犯错，因而很少举手发言或者发言不够热烈。很多同学可能都有这样的体会，某一个问题曾在课堂上被老师提问过，虽然自己当时没有答上来，但是这个问题的正确答案却在事后很长一段时间内都清晰地印在脑海中。这是因为参与上课提问的时候，同学们的思维活动比平常状态下要活跃得多。这种状态充分有效地调动大脑的多种分析器协调工作，促使大脑飞速运转，其成果也会在头脑中形成强烈的刺激。

所以在课堂上，老师会经常提出一些问题让学生解答。平时组织小组活动的时候，也正是锻炼和提高自己的最好时机，要积极大胆地举手发言、参与其中。通过这种互动，不仅可以有效地纠正自己存在的问题，而且还加深了对部分知识的理解。

○ 不可忽视的思维障碍

所谓思维障碍是指思考方式上存在的问题导致的在学习过程中遇到的障碍。物理学科自身的特点，决定了物理学习过程中的思维障碍较其他学科更明显。

物理学是一门有其自身发展规律的学科。中学物理是以观察和实验为基础，从而形成以概念和规律为主要内容的学科。物理学习的思维障碍主要表现在以下几个方面。

以"日常经验"为"常识"

很多同学会将综合环境下的生活常识与严谨的科学概念混为一谈，这成为物理学习过程中主要的思维障碍之一。由于物理与日常生活和生产关系最为密切，在物理学习的过程中，尤其是初级阶段的学生，已经从一些表面化的、模糊的以至错误的生活经验中获得了不少"常识"，而这些"常识"往往会先入为主，干扰科学概念的形成和建立。

例如，常去游泳馆的同学就会发现一个现象，人在深水区比在浅水区更容易浮起来，于是便很容易得出"浮力大小与液体深浅有关"的观念，从而对浮力概念的建立形成思维障碍。再比如，喜欢骑自行车的同学在观察到刹车后地面阻力总是与自行车运动方向相反这一现象后，便很容易产生"阻力总做负功"的观念，从而对阻力做功问题产生思维障碍。

除此之外，一些日常的习惯用语也在不知不觉中强化了某些错误的概念，导致了物理学习时的思维障碍。如我们常听到的一句口号"安全生产，质量第一"中的"质量"一词，就给物理学习中"质量"概念的建立造成了思维障碍。

用数学思维理解物理公式

将物理公式数学化会造成学习时的思维障碍。这是因为当用数学公式表达物理概念或规律时，学生们往往只会从数学的意义去理解，也就是单纯地从定量与变量的关系上去思考，而无视物理规律，从而对正确理解物理公式的物理意义形成思维障碍。

比如，欧姆定律公式 $I=U/R$ 导出 $R=U/I$ ，有的学生可能会说："导体的电阻与加在导体两端的电压成正比，与通过它的电流强度成反比。"于是导致了理解错误。事实上，数学公式 $y=x/z$ 中的 x 、y 、z 三者均可为变量，而 $R=U/I$ 中的 R 却是由导体本身所决定的，因而 R 实际上是定量，$R=U/I$ 只不过是在特定条件下的量度式而已，所谓 U 和 I 之间的正比、反比关系是绝对不存在的。

因此，在推导或总结物理公式时，一定要注意公式成立的前提，也就是从物理意义的视角去理解物理公式的意义。

思维定式和知识负迁移

所谓思维定式就是思维惯性，而所谓的知识负迁移的产生正是因为思维惯性会使旧有知识在不知不觉中对新知识的学习产生不利影响。知识负迁移本身就是物理学习中的一种思维障碍。

克服由于思维定式所形成的思维障碍的最好方法是比较法。如将速度与加速度比较、动量与动能比较、电阻与电阻率比较、软绳与硬杆比较、带电粒子在电场与磁场中受力情况的比较以及运动情况的比较等。

○ 物理知识的系统化

中学生已经具备了初步的逻辑思维能力，在物理学习中应当有意识地运用系统性原则，建立物理知识的系统化知识网络，从而养成科学的学习方法，提高学习效率。

理解物理知识首先需要明确一点：物理知识的意义贯穿其产生、发展的整个过程。该过程涉及问题的提出、实验过程、假说的提出、推导过程、再次实验并验证结论。整个过程既反映了物理科学发展的真实样貌，也体现了人们认识新事物、思维发展推进的一般规律。

与此同时，物理知识之间还存在着错综复杂的关系，而对物理知识掌握和理解的深度，在很大程度上取决于对复杂的物理知识之间的联系状况的把握程度。因此，即使对单个知识理解得再深入，若不能联系与之相关的其他物理知识，那么单个知识的学习也将失去意义。离开了整体性、系统性，学了再多支离破碎的知识，也无法真正形成对知识的系统记忆和理解，当然也谈不上在实践过程中运用知识。因此，从一定意义上讲，学习的过程就是建立与探索知识之间关联的过程。

纵向关联

物理知识的纵向关联，就是按照物理知识的产生、发展和得出结论的过程，建立知识的顺序性联系。这种联系不应是表面现象的外部联系，而应是内在的本质联系。不能只是记住物理概念、定律的词句，而应掌握其背后的深刻含义。

物理原理、定理和定律，一般都可写成公式的形式，而探索物理公式的来龙去脉，并由此扩展来寻求物理知识内容的关系与联系，是掌握其系统性的好方法。

物理公式可分为四种基本形式：①定义式，由定义直接得出，如压强公式、速度公式；②实验式，根据实验数据的规律性得到的结论，如欧姆定律、电阻定律；③理论推导式，运用物理定义、概念和实验数据，并由数学的和逻辑的推理过程得到的公式，如动能定理、机械能守恒定律；④假想式，它是在不充分的实验条件下得到的结论与推理想象的共同产物，如原子物理学中的一些公式。对于不同的物理公式，要掌握其内涵和外延，需要了解与把握的内容也不一样，且应有所侧重：定义式的意义，实验式的实验过程，理论推导式的依据和推导过程，假想式的前提条件和依据等。

横向关联

知识的横向关联，是指对具有类比关系与平行关系的知识进行联系并分析彼此关系。

比较法是横向关联的一种基本形式。通过比较可以找出知识间的共同点与差异点，从而使物理概念的内容更清晰、物理规律的内容更全面。例如研究电场、磁场以及重力场的性质，可以把它们进行比较，从而找出场的共同性质和各自特点；再如交流电与直流电、功与能、串联电路与并联电路，都具有横向的密切联系，都可以通过比较来研究这些概念。

在物理学习中，同学们可以在一章或一个阶段的学习之后，通过列出系统提纲或画出知识系统图的方式，将物理知识归纳分类，形成严密的体系，以便提纲挈领、举一反三。

○ 用物理思维学物理规律

物理规律（包括定律、定理、原理、法则、公式等）反映了物理现象、物理过程在一定条件下必然发生、发展和变化的规律。在学习物理规律时，一定要把握它的前提条件、形成过程、物理本质和适用范围，同时，还应该关注物质运动变化的各个因素之间的联系。

物理规律的特点

第一，物理规律与其他规律一样，都是观察、实验和抽象思维的结果。物理规律只能被发现，不能被创造。

第二，物理规律反映的是有关物理概念之间的必然联系。任何一个物理规律，都是由一些概念所组成，都可以用一些数字和测量联系起来，而且是用语言逻辑或数学逻辑来表达概念之间的关系。

第三，物理规律具有近似性和局限性。反映物理现象和物理过程的发生、发展和变化的物理规律，只能在一定的精度范围内足够真实但又近似地反映客观世界。物理规律不仅具有近似性，而且由于其总是在一定范围内被发现，或在一定的条件下推理得到，并在有限领域内进行检验，所以，物理规律还具有局限性。也就是说，物理规律总有它的适用范围和成立条件。

三种基本学习方法

学习物理规律是对已有的物理规律的一个有组织的学习过程，它虽不像物理史上建立物理规律那样曲折漫长，但也是极其复杂的，需要在一定的背景知识和方法论的指导下，对感性认识进行思维加工。

（1）实验归纳

实验归纳即直接从观察实验结果中分析、归纳、概括并总结出物理规律的方法。

第一，由对日常生活经验或实验现象的分析归纳得出结论，如掌握蒸发快慢的条件、电磁感应定律等。第二，由大量的实验数据，经归纳和必要的数学处理得出结论，如掌握力矩的平衡条件、胡克定律、光的反射定律、气体的实验定律等。第三，先从实验现象或对事例的分析中得出定性结论，再进一步通过实验寻求严格的定量关系，得出定量的结论。如掌握液体内部的压强、牛顿第三定律、光的折射定律等。第四，在通过实验研究几个量的关系时，先分别固定某些量，研究其中两个量的关系，然后加以综合，得出几个量之间的关系，如欧姆定律、牛顿第二定律、焦耳定律等。第五，限于条件，无法直接做实验时，可通过分析前人的实验结果，归纳出结论，如光电效应公式。

（2）理论演绎

理论演绎就是利用较一般的物理规律，经演绎推理，推导出特殊的物理规律的思维方法。采用这种方法发现的规律，一般叫作定理或原理。定理、原理这两个术语表明，它们不再仅仅是对经验事实的概括，而是成为科学理论系统本身的出发点，如动量定理、动能定理、动量矩定理、功的原理、波的叠加原理、光路可逆原理等等。

（3）类比法

类比是根据两个（或两类）对象在某些属性上的相似进而推出它们在另一属性上也可能相似的一种推理形式。其具体过程是：通过对两个不同的对象进行比较，找出它们的相似点，然后以此为依据，把其中某一对象的有关知识或结论推移到另一对象上去。

物理规律的学习，不单是掌握物理规律，而且要掌握科学的研究方法，提高观察、实验能力，思维能力和运用规律分析问题、解决问题的能力。

○ 在复习中拓展知识

提纲复习法

复习不能像平时学习那样事无巨细，而应该有重点地抓大放小，把握主干和重点。如果按照平时学习时的方式进行复习，知识会变得较为分散杂乱，不仅会导致复习效率低下，而且徒增记忆负担，打击学习的积极性。

复习时整体战略思想应是化零为整：首先应该有一个总体设计，即将书本知识进行归纳总结，梳理出结构框架，搞清书本的主干；然后再以章为单位分层填充重点信息，包括基本概念、规律和技能，捋清楚研究方法和解题思路。

例如，物理可以从整体上分为三大模块：广义力学、广义电磁学和非主干知识（热学、振动波光和近代物理等）。第一个模块——广义力学——可分为四大板块：运动力学、小力学、机械能和动量。其中小力学、机械能、动量是整个力学学习中必须掌握的三把"金钥匙"，也就是说要学好力学，这三部分缺一不可。运动学则是连接这三把"金钥匙"之间的纽带和桥梁。

每一个板块都可以用这种方法进行复习，抓住物理知识之"纲"，形成纲举目张之势，将已经掌握的知识条理化，提高复习效率。

实验复习法

实验题在中学物理题目中占据着重要位置，它是决定学生物理成绩的重要一环。

在复习物理实验的时候需要注意两种错误观念：第一种，认为考试是笔试，所以复习时只需做到能论述实验，并做对实验题目就可以了；第二种，通过机械重复来记住实验的每一个步骤，而忽视了对相关实验理论的复习。

其实应该从整体上对物理实验进行复习，可以以力学、热学、电学、光学为单元复习，也可以按基本仪器的使用、基本物理量的测量、基本现象的分析观察、基本规律的探索和验证等几个专题进行分别复习。不论何种安排，都要对每个实验的原理、仪器选择、步骤编排、数据的测量和处理、现象的观察与分析、结论的总结归纳及其应用、误差的定性分析、故障的排除等有较为全面的理解。在这个基础上，再去分析和解决实际问题和各种类型的实验思考题。

操作复习和实验题复习是实验复习的两个重要板块，缺一不可。一般复习的前阶段要以有针对性的实验操作为主，辅之以简单的实验思考题练习；复习的后阶段以解决实验题为主，对各种疑难和常见错误以实验操作来进行分析验证。

组合复习法

整体结构揭示后，再进行分层充填，原则上以章为单位进行，这就需要处理内容提要和例题分析的关系。内容提要是用叙述方式给出基础知识和基本技能的要点，例题分析是通过剖析例题使知识和能力具体化，两者需要优化组合。

在第一轮复习中应用内容提要带例题分析，先列出各章的知识点，并分别按其所需达到的能力水平配以简单例题，使知识点定位。几个知识点之间再配以小综合例题，使线连成一个小单元。几个小单元结束后再配以较大范围的综合题，使线形成面。几个大单元之间再配以大范围的综合题，使面形成体，从而达到知识立体化的境界。

在复习的后阶段应以典型例题分析带知识系统化。例题既要典型又要有系统性，渗透基本概念和规律，并且结合常见错例（平时积累的素材），还可分若干专题进行复习。通过例题分析，暴露框架结构上的隐患。

例题分析以双基为主、综合为辅并逐步增加比重，最终相互穿插交融。练习的安排亦应如此，以掌握基础知识、熟练基本技能、训练基本功为主。

有了这个基础，再按知识发展顺序逐步适量增加综合题训练，提高综合知识的能力和逻辑思维能力，从而在灵活运用知识方面达到新的境界。为了跟遗忘做斗争，基础训练和综合训练必须有机渗透。

第五章

学习化学的高效方法

- 课堂是基本阵地
- 实验技能是利器
- 第一次复习要及时
- 记好笔记事半功倍
- 六大高效笔记法助提分
- 七大方法巧识考点

化学作为一门理科学科，与数学、物理既有相通之处，同时又有它独具的特性。因此，要学好化学，必须遵循它的规律，采用与之相适应的学习方法。

○ 课堂是基本阵地

课堂听讲，在中学时代是学生获取知识的主要来源。在课堂上学生一定要专心听讲、开动脑筋，在老师的引导下，以课本为主线，认真吃透课本，全面掌握基础知识，不能留有明显的知识、技能缺陷和漏洞。同时还要学习老师分析问题、解决问题的逻辑思维方法，这样可以使学生在学习中少走弯路。

课前做好三件事

一是做好头脑上的准备，主要是通过预习来完成；二是做好材料上的准备，如书、笔记本和其他学习用具等；三是做好身体上的准备。这就要求同学们要做到：每天早睡早起、拒绝熬夜，课间不做剧烈活动等，如此才能确保上课前自己的大脑处于正常的兴奋状态。

有针对性地听讲

高效听课的首要秘诀就是保持注意力的集中，任何的注意力分散都可能让你错失重要信息，因此课堂上要严防出现"分心"和"开小差"的现象。

其次听讲要有选择、有重点地听。有经验的同学尤其会注意听老师在刚上课和课程结束前讲的内容。因为，刚上课时老师往往会对上一节课的内容做一下回顾和总结，或对本节课提出学习要求，有承上起下的作用；而即将下课时，老师往往会对本节课所讲的内容进行总结，或布置课后复习和新课预习的具体任务。注意听这些话，课堂听课就有了具体目标，也有了针对性，课后的复习和预习也相应地有了明确的目的。

大胆发言和提问

有的同学上课很少提出问题，也很少发言。这种胆怯心理若不能尽快克服，将会影响学习效率的提高。因为有问题不提，你的思维能力将得不到发展；能回答的问题却不积极发言，你就感受不到成功的喜悦。进而言之，你的学习主动性没能充分发挥，语言表达水平也不能提高。可见，上课积极发言、大胆质疑是十分重要的。

好记性不如烂笔头

在听讲过程中，把本节课的知识点和你感到有疑难的问题，以及老师在处理某个问题时所用的巧妙方法等简明扼要地记下来，课后稍加整理，便成为课堂笔记。而有的同学所记的笔记，就只是把老师在黑板上所书写的内容，不分主次全都记了下来。记这样的笔记，不仅实用价值不大，而且还严重影响了听讲。这种事倍而功半的做法是不可取的。

○ 实验技能是利器

化学是以实验为基础的学科，化学知识都是从化学现象中抽象概括出来的。化学实验对化学现象的观察在化学的学习中起着至关重要的作用。掌握一定的实验技能，熟悉化学实验的原理和操作过程，并对实验现象进行观察和分析，有助于形成正确的化学概念和对化学原理进行全面理解。

为了实现化学实验的效果和实验目标，每次实验前同学们应该对实验内容进行预习，通过预习了解实验目的，弄懂实验原理，了解仪器性能以及实验的操作步骤。在实验的过程中，要认真观察、认真记录，实验后还要进行分析、总结，并撰写实验报告。

化学实验技能包括三类：①使用仪器的技能；②实验操作的技能；③实验记录的技能。其中，使用仪器的技能和实验操作技能是关键。

使用仪器是基本功

一要了解所用仪器的名称、用途和使用时的注意事项；

二要学会使用仪器，即使用时的操作步骤和方法。这就要求学生对每一个仪器逐一研究，弄清操作的具体项目、步骤和方法。下面举例说明：

（1）试管

拿法（夹持）、装药品、振荡、加热和洗涤的操作方法，这几项学会了才算掌握试管的使用技能。这些要通过多次实验操作逐步学会，其中装药品、振荡和加热，主要属于实验操作技能内容。

试管拿法是用拇指、食指和中指拿住试管中上部，握成三指拳，很多学生初学时最常见的错误是满把抓住试管中下部。

（2）酒精灯

灯帽旋转、调整灯芯、点火、灭火和添加酒精是酒精灯的基本操作方法。能正确进行这几项操作，才算掌握酒精灯的使用技能。酒精灯点火后用来加热，是属于加热的实验操作技能。

（3）滴定管

主要包括装放溶液、赶尖嘴气泡、夹持和洗涤的操作、读数的方法。这些操作学会了就能准确量取一定量的溶液，同时也就学会了中和滴定的操作技能的一部分。

从上面三个仪器的使用技能分析，可以看到它跟实验基本操作技能是紧密联系的，是后者的一部分。这些内容不能孤立起来。为了逐步培养技能，练好基本功，对于仪器的使用和实验基本操作可分开来单项逐一培养，但必须落实到实验的基本操作上。

实验操作是关键

一要懂得仪器的使用；二要会操作，掌握操作关键，明确操作中的注意事项，要对每一项实验的操作技能，逐一研究，弄清操作的具体内容、步骤、方法。下面举例说明：

（1）液体试剂的取用

这项实验操作包括：①细口瓶把液体药品倒进试管或烧杯等容器内，课本中对倒进试管的操作做了详尽叙述。②用滴管取用液体药品，包括滴管拿法（中指、无名指夹玻璃，拇指、食指捏胶头）、压去滴管胶头里的空气、滴管插进液体和滴液（要会控制液滴滴落速度）四步操作。③用移液管取用定量液体，包括持拿移液管、吸液并调整至刻度和放液三步操作。④用量筒量取定量液体，课本中对这种操作的方法、要求已有完整的讲述。⑤浓酸、浓碱的取用，实际是从细口瓶把液体试剂倒进试管、烧杯、量筒等的操作，这些操作前面已讲过，课本中没有再赘述，只不过强调了操作时要特别小心，不要让浓酸或浓碱溅出而引起伤害事故，其本身没有新的操作方法。

（2）加热

这项实验操作包括给试管或烧杯、烧瓶、蒸发器、坩埚五种仪器里的物质加热的操作及注意事项。它是以这五种仪器及酒精灯的使用技能，以及固体、液体试剂的取用技能为基础的综合性实验操作技能。

学习时要根据课本弄明白给这五种仪器里的物质加热操作的共同与不同的要求。如加热时，应把受热物质放在外焰部分，这是给这五种仪器加热操作时需要共同遵守的；而烧杯、烧瓶要放上石棉网是不同的操作要求，等等。

实验记录是成果

实验记录是实验者所记录的关于实验计划、步骤、结果以及分析的各种文字、图表、数据等原始资料。

实验记录有两个特点：客观真实性和全面准确性。之所以要做实验记录以及要求实验记录真实准确、全面客观，目的是为了准确地记录实验的实时条件，让每一个实验尽可能变得可重复。良好的实验记录具有可溯源性，其他人应该能够看懂并在条件具备的情况下能够重复所有的实验过程。

无论实验最终的结果如何，都应该做好实验记录。在实验过程中，有些现象是十分微妙的，有些现象则十分复杂，同学们应该用心观察实验过程，并及时对相关的细节做好记录，方便后期的分析和总结。

大量的实践证明，做好实验记录，对于提高实验的成功率、实验的质量以及加深对实验的理解有很大的帮助。

○ 第一次复习要及时

　　为了使你的时间和精力不白费，就必须在学完新知识后立即进行复习。假如有必要的话，不管你想不想这样做，都应克服对复习的心理障碍，要马上自觉地去复习。这时候你所花费的复习时间往往不会需要很多。但当你没有及时复习一个章节时，以后重新复习可能要花大量时间。

　　按照遗忘理论，刚学的知识在两三天后遗忘得最多，所以，我们最好在课后24小时内进行复习。如果拖得时间过长，等上课学的内容已经忘得差不多的时候再去复习，就事倍功半了。因此，当日复习的难度是最低的。对于老师刚刚讲过的内容，趁当天印象深刻、清晰的时候，应该及时去复习巩固，而不是等到几天后，已经快要忘干净的时候再去重学。正所谓：打铁要趁热，复习需及时。对一名中学生来说，应将"当日内容当日复习"当成习惯，并坚持下去。

　　为什么当日复习可以降低遗忘率呢？这是因为它给了你一个机会让你把章节中各部分零碎的内容联系起来，将它们纳入到已有的知识版图中，就像把七巧板的各部分拼起来就能看到图案的整体一样。这样，你就不用单独花时间记忆许许多多零碎的部分，而是直接就能在脑海中调取一幅包含有关章节内容的整体"图案"。

日常复习时，可以用一张纸将这一章节的第一页遮去，单留出边线外的笔记部分。再用自己的话，把边线外的笔记或单独的笔记作为提示，将课文中那一页上讲述的思想、事实和细节出声背诵。然后将纸移去，找出错误和疏漏之处。如果对这一章中的每一页你都能这样仔细检查的话，你就会发现你已了解这一章所讲述的思想的顺序和它的脉络走向，于是便能轻松地将它们记住。

一般说来，复习的时间最好安排在第一次学习后的半天、一天、三天、七天、半个月后，分次进行。同时，要注意合理安排，即要合理组织复习和分配时间，不要集中在一个时间内复习，这样做不仅容易疲劳，还收不到好的复习效果。刚开始进行复习时，以少量多次为原则，次数尽量多些，时间间隔短些，内容少些，之后再慢慢减少次数，延长时间，扩大复习范围。

课后复习可以分四步进行：尝试回忆、钻教科书、整理笔记、看参考书。

抛开书本，过电影

所谓"抛开课本，过电影"，就是不看书，将老师在课堂上讲的内容单独在脑海中回想一遍。这其实就是自己考自己，逼着自己专心致志地去回忆老师的讲课思路和课堂内容。这个方法有以下四点好处。

（1）可以检查自己每天听讲的效果

如果能够回忆出全部或大部分内容，就证明自己的听课和对知识的吸收效果是好的，从而增强了认真听讲和及时复习的信心。反之，就应当及时寻找原因，是自己预习不到位，还是听课有问题，抑或在知识点的理解上还有漏洞？在用该方法进行回忆时，为了保持注意力的一致和持久，也可以在草稿纸上把回忆的主要内容列出来。

（2）可以提高自己的记忆能力

因为尝试回忆是一种积极主动的活动，对于学过的知识，回忆一遍就会巩固强化一次。

（3）提高看书和整理笔记的积极性

每次尝试回忆后，必然有一部分内容想不起来，自然会很着急地去看书、翻笔记。这样就无形中提高了看书和整理笔记的自觉性，主动地把忘了的部分作为重点来看，从而使看书和整理笔记有了明确的目的性。

（4）培养了爱动脑筋的习惯

课后直接看书当然比尝试回忆省事，但不能留下深刻印象，效果往往不好。而尝试回忆，则会经历苦苦思索的过程，一旦确实想不起来，还要千方百计地寻找回忆的线索，这本身就是对记忆力的考验。坚持这一方法，不仅可以提高记忆力，还能养成爱动脑筋的好习惯。

查漏补缺，按图索骥

在做过"过电影"的回忆后，还应该去回读课本，因为课本中写的是最基本的概念和最基础的知识，必须从头至尾逐句地认真精读、认真思考。对于已经理解和记住的部分，可以迅速通过，不必再花太多时间。要把时间和精力留给回忆时想不起来或记不清楚、印象模糊的部分。

在回读课本时，可用不同颜色的记号笔把书上的重要部分、新的概念和容易忽略的部分勾画出来，在空白处写备注或者记上一些简要的体会，或者总结一些能高度概括课文内容的语言，这样，也有利于记忆。另外，记下一些带提示性的只言片语，以便再查阅时能从这些批注中迅速地得到启示，回忆起书中的关键内容。

量身打造通关秘籍

笔记本不应当仅仅成为上课的记录本，而应当把它变成一份经过提炼加工的适合自己使用的复习材料。

整理笔记时，可以首先把上课没有记下的笔记补上，把记得不太准确的部分更正过来。如果平时下功夫把笔记整理好，复习时打开笔记本心中就有数了。因为笔记的索引清楚、中心突出、内容简要，同时关联了有关的旧知识和易错的问题等，这样在将来考试前的复习时，就不用再突击查书、翻资料，重新思考和临时归纳了。只要看着笔记，就可以迅速回忆起有关的旧知识。总之，整理笔记是把知识深化、简化和系统化的过程，带有浓厚的个人学习特点。笔记本是未来特别有用的个人复习材料。

参考书打通"任督二脉"

课后复习时还要适当看一看参考书，通过阅读课本之外的资料，可以看到同一知识点在不同文本中的展现方式，可以帮助学生加深对知识点举一反三式的理解，同时也能将所学知识融会贯通。

首先，要选好参考书。这可以参考老师的推荐，选定一本为主参考书，而将其他的书籍作为一般参考书。

其次，阅读顺序一定是：先看教科书，在对知识基本理解后，再去看参考书，辅助理解，加深印象。

再次，围绕中心问题看参考书。以老师当天讲授的内容，或自己发现的疑问作为看参考书的主要方向，优先阅读主参考书的有关内容，至于一般参考书的相应内容，本质上是大同小异的，因此，对照起来看，速度也会很快。通过几个回合的阅读和比较，对该知识点的理解也基本能达到举一反三、融会贯通的程度了。

最后，要做好笔记，把参考书中的精彩部分、精彩题目，摘录进笔记本的相应部分里。

○ 记好笔记事半功倍

俗话说:"最淡的墨水,也胜过最强的记忆。"记笔记对于深入理解、牢固掌握所学到的知识,对于积累学习资料、以备不时之需都很有必要。做笔记是一种与动手相结合的学习行为,有助于对知识的理解和记忆,是一种必须掌握的技能。

但并不是所有学生都会记笔记,有的学生顾了听,就顾不上记;有的学生光顾着记流水账,思路跟不上趟,不知道老师讲的是什么。常有学生向老师提出这样的问题:"老师,您让我们课上做笔记,但是您讲得太快了,我记不下来,怎么办呢?"要回答这个问题,就要弄明白听课笔记到底"记什么"和"怎样记"。

学生上课,为什么要记笔记?这个问题,许多学生并没有深入思考过。有人说,学生上学读书,就是"上课记笔记,下课对笔记,考试背笔记",这种理解是片面的。从表面上看,这三句话似乎说的是事实,有一定道理,但是从本质上看,笔记的根本作用并不在此。

学生学习的过程,是接受知识的过程。这个过程的内容就是从学习、经理解、到记忆的过程,记笔记正是促进学习、理解、记忆三方面联结的一条重要途径。一般说来,老师补充的知识、解题思路、学习方法、外来资料上的知识网络、老师对重点难点知识的剖析过程等都是记录的要点。

为了将笔记记得又快又好,可以掌握一些技巧:

关键词优先

不要逐字逐句地记下课堂上老师讲的内容。记笔记的目的在于学习并记录基本观点与事实，并非老师讲的每一个字都有用。在任何可能的情况下，都要用自己的语言来记笔记，只有在必要的时候，才用老师的原话。这种行为只能偶尔为之，在大多数情况下，只要记下关键词就可以了，对要写的东西应该多加斟酌。

固定思维模式

尽量在课堂上形成一个思维模式，系统地思考和记录主要观点和主要细节。这个思维模式要适合学习材料的性质并与大脑最优组织材料的最优模式协调一致。同时思维模式不能太死板，要灵活、富有创造性。

灵活大于美观

你可以在笔记本上随意连线，而不必担心你的笔记是否整洁美观。如果你是按顺序记录讲课内容，那么假如讲课过程中后面出现的内容与前面出现过的内容有紧密的联系，该怎么办？你可以把这两个地方的内容用线和箭头连接起来，或者也可以找到前面的相关内容，把新知识写在页边或页角上。

清晰大于整洁

整洁并不重要，但清晰却很重要。记笔记并不要求字写得很好、语法正确、拼写无误，也不需要有整齐的页边和间距。但是，你所记的笔记必须清楚明白、容易看懂。记的笔记并不一定要井然有序，但每一点之间的关系必须清楚。基本准则是："比较整洁，使得日后能够看懂、容易理解，但也不必过度强调顺序性，以免使你在听课时跟不上老师的步伐，遗漏重要信息。"

有留白，忌太满

课堂笔记本，每一页应当留下1/4的空白区域，以便随时补充新的内容。因为有时即使是同一内容，每看一次都会有不同的体会和认识，需要留出空间来填写。

最后，再说说笔记的整理和使用。记笔记并不是为记而记，而是为了使用才记。有的人记了笔记后就将其搁在一边，从来不整理、不使用，这样笔记就没多大用途了。

整理笔记是把知识深化、简化和系统化的过程。课堂上随手草记的内容，由于为了争取时间，不影响听课，往往次序失当、轻重不一，缺乏系统性。课下整理的笔记，应当是一个知识的体系。当然，这里说的"体系"并不是固定的，可以是和课本上的知识体系相一致，也可以和老师讲课的体系相一致，还可以是自己对知识理解之后所悟出的和前面两个体系不同的体系。整理笔记时要将笔记补充完整，把课堂上没有记下来的内容补充上，记得不太准确的更正过来。但是，完整并不是烦琐，仍要求简洁，中心突出、内容精练。

笔记要使用才能发挥它的功效。因此，应当经常看笔记，温故知新，才不致遗忘。同时，学过的知识是学习新课的基础，有必要经常温习。经过一段时间新课的学习，自己的认识水平提高了，对问题的认识深刻了，再去温习笔记就可以纠正过去笔记中的错误，补充新的认识，使记笔记的水平不断提高。

○ 六大高效笔记法助提分

笔记记得好，对知识的回顾和复习很有帮助。人的大脑不可能一下子把课堂上老师讲的内容或自己看书的内容及时地、大量地记住。所以，要先把知识暂时记下来，然后根据笔记把知识再记在脑子里。记笔记不是为了把知识记在笔记本上，而是让笔记发挥它应有的作用，让知识更有利于进行多次学习。

本部分将介绍六种被实践验证的高效笔记方法，同学们可以综合使用。

康奈尔笔记法

康奈尔笔记法，因这种笔记法产生于康奈尔大学而得名，适用于课堂讲授或阅读笔记。该笔记法又叫作5R笔记法，是记与学、思考和运用相结合的有效方法。具体包括：①记录（Record）：听讲或阅读过程中，在主栏（详见下页图表）内尽量多记有意义的论据、概念等内容；②简化（Reduce）：下课以后，应尽可能及时记下脑海中的主要想法、问题或者一些帮助回忆的关键提示，将这些信息简明扼要地概括（简化）在

副栏（见图表）；③背诵（Recite）：把主栏遮住，只用副栏
的摘记为暗示，尽量完满地叙述课堂上（或阅读中）讲过（或
读到）的论据和概念，不要求机械地叙述，而是用自己的话，
尽可能在充分理解意义的基础上叙述，再敞开主栏，查证叙述
过的内容；④思考（Reflect）：将自己当时听或读的想法、意
见、经验体会等内容，与讲的内容区分开，写在卡片或笔记本
的某一单独部分里，加上标题和索引，编制成提纲、摘要，分
成类目，并随时归档重编；⑤复习（Review）：每周花10分钟
左右的时间快速复习笔记，主要看副栏，适当看主栏。

线索（副栏）	笔记（主栏）
·主要想法 ·提问 ·图表 ·帮助回忆的提示	·听讲记录 ·读书内容
用途： 简化（Reduce） 背诵（Recite）	用途： 记录（Record）
何时填写： 听课后复习时	何时填写： 听课时
总结： ·记入最重要的几点 ·写成可以快速检索的样子	用途： 思考（Reflect） 复习（Review）
何时填写：听课后复习时	

这种笔记法要有必要的准备，即按上图用大号活页笔记本来做。型号要大，以提供足够的空间逐步做有意义的记录，如记载例子、画图解释等。用活页形式是为了便于学生按照记载年月日的顺序插入讲义、作业等。活页制法很简单，在每一页离左边起占全页宽度近1/3处画一竖直线，左边称为副栏，右边是主栏，课堂笔记写在主栏中。

这种记笔记的方法，初用时可以以一种学科为例，进行训练。然后在不断熟练的基础上，再广而用之。或者，先将活页制出，每次照常记讲课或阅读内容，能在副栏中做多少就做多少，争取慢慢增加数量、项目或加快速度。

中心笔记法

记笔记，最重要的一个要求就是要记下讲课内容的中心和重点。抓不住中心和重点，即使记得再多，也无助于对知识的理解。这里所说的中心和重点，就是一节课堂内容的主题或中心思想。从哪些方面来抓取课堂主题呢？①抓住课堂的开始阶段。老师一般会在一节课开头点明本节课要讲什么内容。②老师重点强调或反复重复的内容往往就是重点，需要加以概括、总结和记录。③把握住课堂的结尾。老师一般会在下课前对本节课的内容和进度进行总结，这时候一定要留心听。

在学习中，熟练地运用中心笔记法，关键要做到两点：一是要理解。理解是人们认识事物或事理的联系、特点、本质和规律的一种思维活动。对学习来说，就是对学习内容及表现形式的真正认识和掌握。不理解，就把握不了中心，就抓不住关键。二是充分发挥眼、耳、脑的作用。眼要集中看，耳要注意听，头脑要琢磨和思考，在琢磨和思考中，把感觉到的东西上升为理解，认清事物或事理。

符号笔记法

符号笔记法就是在课本、参考书和其他书原文的旁边加上各种符号，如直线、双线、黑点、圆圈、曲线、箭头、三角等，便于找出重点、加深印象或提出质疑。

随着学习的进展，所要记忆或掌握的信息量越来越大，但我们能够一次处理并记忆的信息量是有限的。如果能够运用一些简明、扼要、易记的符号来代替某种信息，就能加快记录速度从而扩大记忆或笔录的信息量。现在比较系统科学的速记符号种类越来越多，充分利用速记符号在记笔记时也可以减少书写造成的压力，为更充分地思考创造条件。符号法所运用的符号既可以是现成系统符号的借用，也可以是经过自己不断地总结之后的设计，后者因转换性方便实用而更节省时间。但总原则是要科学、简便、易记，否则只会增加记忆负担。

常用的符号有以下几种：①用字码或数字来代表要记忆的信息；②用字母或拼音来代替要记录的内容；③用一个词或短语来代替要记忆的知识；④可以用一些特殊符号来作为记录或记忆的工具。

采用上述符号法，要注意不可过于复杂，所用符号要能恢复出原来被记录的内容。同时，所作的符号要尽量整齐，不要胡写乱画，否则会影响以后的复习和应用。当你以后复习的时候，整齐的记号会鼓励你不断学习，并可以节省时间，因为整齐的记号便于你迅速回忆当初学习时的情境，能使你容易而清楚地领悟书中的思想。

卡片记录法

卡片法，就是要把记录材料抄在卡片上，这种卡片也就是"活页"的笔记。它便于积累认识，可随时取出来学习、巩固。这种方法有以下几个优点：①便于随身携带，拿取方便，便于保存。②便于分类，扩充积累，使同一类知识的概念、公式、法则、见解和理论等形成系统。同时，卡片记载的材料也便于比较、排列。③便于自己批注。运用卡片也是一种乐趣。随着卡片的增多，记录的东西越来越多，对某些知识的认识也会随之变得深刻和广博。所以说，运用卡片是记笔记的好方法。

一般来讲，卡片有三种类型：第一种是摘录卡片，记下应记忆的有价值的材料；第二种是索引卡片，记下手头常备的一些参考书上的材料；第三种是心得卡片，记听课的体会、认识。卡片的形式是多种多样的，要学会灵活运用。但不管哪一种形式的卡片，都要在每张卡片的适当位置标明材料的性质、出处、类别等，以便查阅出处之用，也便于归类、积累和整理。

梗概笔记法

所谓的梗概笔记法，就是对讲课内容或学习的材料根据自己的理解程度，运用自己的语言，把原材料的基本内容、主要观点、总的结论，精练而明确地归结并表达出来。

这种方法是学习过程中常用的记笔记方法。例如，有的学生在学到茅盾的《风景谈》一文时用自己的话把文中描绘的六幅画面高度概括出来，拟写出便于记忆的提纲：①沙漠驼景；②高原夜景；③河边乐景；④壁洞奇景；⑤桃园小景；⑥北国晨景。

运用这种方法时要注意几点：①对原文的观点不能随意发挥，也不能按照自己的主观想法去概括，必须对学习的材料深刻理解，掌握其重点，在此基础上加以归结。归结的内容既要符合原文，又要简略并突出中心。②要善于选择，过简易使内容残缺、始末不明，过详则旁逸斜出、不得要领。这种笔记不太容易做，初学时，可以采用缩写的方法，选用原文中的概念或文字。③运用自己的话来概括应记录的问题，语言力求简练、准确。不准确就会失去意义，繁杂易把人搞糊涂。如果运用小标题，更需要用高度概括的文字，这就要反复地思索原文，加深理解。④概括的内容要有条理，原文中的重点要突出。

框架笔记法

框架笔记法，是指在听课或阅读的基础上，通过分析整理，把有关知识条理化，归纳成一个个有类别、有次序的

"框架"，用文字符号把它固定下来，以便加深记忆、理解或应用。

使用该笔记法，需要构筑合适的知识"框架"，也就是要与总结知识体系的规律相结合。这种框架，如同图书馆书库里的书架，上面放置的书刊既分门别类，又有一定的逻辑序列，甚至形成某种系统，易于了解，便于查找，具有普遍的适用性。

在学习中，要记住一本书的全部内容时，应先认真看它的全部目录，因为目录往往就是这本书的知识"框架"。掌握了这个"框架"后，在阅读其具体章节时，就可以从中寻找相对应的"框架"，加以补充，尽快使知识系统化。再如学习某种知识时，可以用文字符号的形式把这个知识系统通过"框架"概括出来，大脑里有了知识框架又经常用整体记忆的办法温习这些"框架"里的知识，那么每学到一点新知识，就能很快地陈列到这些"框架"里去。这样就能不断提高大脑接收信息的能力，加快知识积累的速度。

○ 七大方法巧识考点

记忆是以识记、保持、再认和重现的方式对经验的反映。"记"是外界信息在大脑中储存、编码的过程，"忆"是在头脑中提取信息的过程。如何才能记得快、记得牢？除了学生个人的内部因素即所谓的记忆力以外，外部因素即所谓的记忆方法有时也起着很重要的作用。

理解记忆法

在积极思考、达到深刻理解的基础上记忆材料的方法，叫作理解记忆法。理解记忆的基本条件是对材料进行思维加工。有些材料，如科学概念、范畴、定理、法则和规律等，都是有意义的。记忆这类材料时，一般都不采取逐字逐句、死记硬背的方式，而是首先理解其基本含义，即借助已有的知识经验，通过思维进行分析综合，把握材料各部分的特点和内在的逻辑联系，使之纳入已有的知识结构，以便保持在记忆中。

例如在记忆"气体摩尔体积"这个概念时，可对它进行剖析、分解、记忆。这一重要概念是由"任何气体"——说明只适用气体，固体和液体不适用；"标准状况"——指的温度为0℃，压强为$1.01 \times 10^5 Pa$，绝不是其他温度和压强；"1摩"——物质的量必须是1摩气体；"约为22.4升"——是专指1摩任何气体在标准状况下的占有体积，这四部分构成。只要把这四部分弄清楚了，对气体的摩尔体积概念也就掌握了。

歌诀记忆法

把记忆材料编成口诀或合辙押韵的句子来提高记忆效果的方法，叫作歌诀记忆法。这种方法可以缩小记忆材料的绝对数量，把记忆材料分组、组块来记忆，加大信息浓度，增强趣味性，不但可减轻大脑负担，而且记得牢，避免遗漏。

一个字尽可以看作一个组块，一个单词、一个词组也可以看作一个组块，一个句子也可以作为一个组块。组块内部的信息不是各自孤立，而是相互联结的。如果善于把记忆材料分成适当的组块，就能够大大提高记忆效果。例如，课本上常见元素的化合价表，可记为：

> 正一氯氢钾钠银，正二铜镁钙钡锌；
>
> 三铝四硅四六硫，二四五氮三五磷；
>
> 一五七氯二三铁，二四六七锰为正；
>
> 碳有正四与正二，再把负价牢记心；
>
> 负一溴碘与氟氯，负二氧硫三氮磷。

再如，酸与活泼金属起反应的规律性，可记为：

> 氢前少用钾钙钠，镁铝锌铁常用它。
>
> 氢后统共一百斤，稀硫盐酸不反应。

"氢前少用钾钙钠"，因为钾钙钠都与水反应。"镁铝锌铁常用它"，意即经常用镁、铝、锌、铁与稀硫酸、稀盐酸发生置换反应。

"氢后统共一百斤，稀硫盐酸不反应"，氢后金属铜、汞、银、铂、金与稀硫酸、稀盐酸不能发生置换反应。

运用歌诀记忆法应注意：①不难记的无须编歌诀，②歌诀一定要准确简练，③歌诀最好自己编写，对现成歌诀要认真领会。

原始记忆法

这一类记忆法可以说是纯粹地死记硬背，并无"诀窍"可言，也无捷径可走。

一种是事物的固有特性。如原子由质子、中子、电子组成，质子带正电荷，电子带负电荷等。这一类知识的记忆一般来说无方法可循，也很难依靠做深入的解释来帮助学生记忆。如上述"为什么原子由这三种微粒构成？""为什么质子带正电、电子带负电？"等等，起码在中学阶段是无法解释的。

另一种是一些人为的规定，主要是一些符号的规定，如元素符号。对于这一类知识的记忆，做法是反复强调学生多读、多写、常记、常背，实践证明这是有效的。

借助现象法

中学化学的学习内容经常接触到许多生活实际和自然现象。学生如果能结合自己熟悉的日常现象来记忆某些知识，往往可以起到"一拍即印，一印即牢"的效果。

如记忆氧气的物理性质，在掌握了空气成分中有近1/5体积氧气后，便可以借助日常经验：我们通常看不出空气的颜色、闻不出空气的气味（污染了的空气另当别论），如此便很自然地记住氧气是无色无味的气体。之后可以再进一步借助一个事实：人与用肺呼吸的多数动物不能长时间地在水中潜藏，而用鳃呼吸的动物却能生存于水中。于是立即又记住了氧气微溶于水这一物理性质。

知识关联法

在学习过程中，经常遇到这种情况：记住某一方面的知识以后，可以帮助我们记住其他一方面甚至几方面的知识。这就是所谓的知识关联法。运用此方法可以由点及面，遍及其余，扩大战果，从而提高记忆效率。

初三学生在记元素的化合价时往往感到很吃力，当学完物质结构和元素周期律的知识后，可以通过电子排布与化合价的关系来记忆化合价，特别是主族元素的化合价，这样学起来就轻松了许多。

对有些化学知识，如元素符号、物质的俗名、反应条件、仪器名称、反应类型、物质的物性等，同样可以展开丰富的联想，把它们记牢。例如记忆"王水"的性质时，可以联想聪明的丹麦科学家玻尔，他将诺贝尔金质奖章溶在"王水"中，躲过了德军的搜查；记忆金刚石、木炭是同素异形体时，可以联想英国化学家戴维当众将托斯卡那伯爵戒指上镶嵌的钻石化成气体，气体又使澄清的石灰水变成牛奶状的趣闻。

提纲挈领法

记住一句简洁而又是纲领性的话，等于记住了不少知识内容。或者面对一大堆密密麻麻的需要记忆的文字时，如果将其归纳为简单（但必须是明确）的一句话甚至几个字，这时候，记忆效果将会事半功倍。

例如，初中学生记忆化学反应方程式，应多关注无机物的相互关系，比如将其总结为"酸加碱生成盐和水""酸加金属生成盐和氢气"这样较为简单的一句话，就能顺手写出不少个化学方程式来。当然上述这些无机物之间的相互反应要受到一些限制，切忌生搬硬套，以免写出错误的方程式，如"金属加酸生成盐和氢气"就只限于活泼金属与非氧化性的酸。

再如在学习氧化还原反应时，有的学生对"失去电子的元素被氧化，含有该元素的物质是还原剂，得到电子的元素被还原，含有该元素的物质是氧化剂"这一段内容经常记反，而上述内容一旦记反一处，其规则就会跟着全部记反。这时可将上述很长的一段话归纳为"失氧得还剂反"六个字来帮助学生记忆。简单来说这六个字的含义就是"失去电子被氧化，是还原剂（剂反），得到电子被还原，是氧化剂（剂反）"。这样归纳后学生记忆起来很轻松，而且再不会记反。

对比记忆法

对于易混易错的基本概念、化学实验操作、制备装置、实验现象等可采用对比记忆。例如同位素、同素异形体、同分异构体、同系物等概念，可以通过对比找出概念间的异同点，以便加深理解，增强记忆。

第六章

学习生物的高效方法

- 态度决定高度
- 学习常规是保障
- 记忆知识有诀窍
- 思维方法是核心
- 学以致用是目的

中学生物是生物学习的初级阶段，对于生物的学习不仅要靠学习兴趣，更要注意学习的方式方法，加上正确的记忆方法，才会让学习变得更加简单。

○ 态度决定高度

生物学是一门基础学科，其中的知识并不深奥，但是往往有许多学生因为学习方法不当，耗费了大量的时间和精力，还是入不了门。

在谈论学习方法之前，首先要端正学习态度，明确学习方向。

端正态度，培养兴趣

部分学生在对待生物学习的态度上并不端正，不重视生物课程的学习，始终将其放在"副科"的位置，因此缺乏对生物学习的主动性，甚至在学习过程中出现听讲随意、课后不复习、实验操作不规范等问题。

兴趣是学生学习生物的重要因素。只有有了学习兴趣，才会主动学习，才会积极而愉快地投入，不会觉得学习是一种负担。歌德说："哪里没有兴趣，哪里就没有记忆。"而我们学习生物是需要记忆的，那么兴趣从哪里来？所谓生物就是有生命的物体。我们人类就是一个活生生的生物体，你知道多少关于生物的知识呢？DNA亲子鉴定、DNA指纹鉴定、DNA基因身份证，DNA到底是怎么回事？现代科技可以使树发光，使植物体内含有动物蛋白，人吃了这样的植物既能保证人的营养全面，又不会使人发胖，这到底是怎么回事呢……这些就是兴趣的由来。

以老师为益友

古人云："亲其师信其道。"如果一个学生喜欢一位老师，那么这位老师所教的这门功课他的成绩肯定不会差。老师虽然不是在每一方面都同等优秀，但是他们却可以成为学生学习上的引路人，生活上的知心人。作为老师，肯定希望自己的学生取得好成绩，拥有美好前途，正如学生的父母所期待的一样。但老师又不同于家长，把老师当作良师益友，对学习成绩的提高一定会大有裨益。

先记忆，后理解

与学习其他理科学科一样，生物的知识也要在理解的基础上进行记忆。然而，初中时期的生物还有着与其他学科不一样的特点：面对生物，同学们要考虑的对象是陌生的细胞、组织、各种有机物、无机物以及它们之间奇特的关系，因此只有在记住了这些名词、术语和概念之后才有可能理解其中的规律，即所谓"先记忆，后理解"。在记住了这些名词、术语和概念之后，就要把精力放在学习生物学规律上。这时要着重理解生物体各种结构、群体之间的联系（因为生物个体或群体都是内部相互联系、相互统一的整体），也就是要注意知识体系中纵向和横向两个方面的线索。

现在是最好的起点

虽说初中一年级或高中一年级是一个时间起点，是学习的开始，但是最好的起点就是现在。从现在、此刻起，一步步打好基础，循序渐进，就像登一座塔，看上去很高，有些怕，等到沿着阶梯一步步走上来就会发现其实并不困难。良好的开端是成功的一半，好的学习方法能帮你打造成功的另一半。一步一个脚印，最后功到自然成。埋怨自己无能的人，正如你自己刹了车却又埋怨车子不动。因此，只要肯付出努力又掌握了好的方法，每个人都可以成功。

○ 学习常规是保障

建立良好的学习常规，是学好生物的重要保证。我们所说的学习常规，是指学习过程中必须注意的几个步骤，包括预习、听讲、复习、作业和总结等步骤。

有备而来，有的放矢

在老师讲课前，一定要先浏览一遍讲课内容，在浏览时，应用笔将自己认为是重点的内容画出来，将自己看不懂的内容标出来，将浏览后产生的问题记下来，有能力、有条件的还可以自己做出预习笔记。通过这样的预习，为下一步听讲奠定基础，让自己的听讲更加有的放矢。听讲时就可以对自己已经弄懂的知识或重点知识重新加深印象，并比较一下自己的理解与老师的讲解有什么差距，如果自己理解得不深，则可以进一步加深理解。对于自己预习时弄不懂的问题，则是听讲的重要内容，一定要当堂弄清楚。对于在预习中产生的问题，如果老师讲到了，则要听懂；如果老师没有讲到，一定要向老师问清楚。预习也为将来的自学能力打下了良好的基础。

课堂上要做到"三听"

有相当多的同学课堂上认真听讲，积极思考，笔记也记得非常不错，但是一节课下来，问问他们都掌握了什么内容，他们却又都说不清楚。而有的同学想把老师在课堂上讲的每一句话都记住，这个愿望是好的，但很难实现。那么，一节课45分钟怎样才能提高效率，收到好的听课效果呢？这就需要明确课上要听什么。根据多数人的经验，课堂上要做到"三听"，即听思路、听联系、听重难点。

首先是听思路。老师讲每节课都有一定的思路，因此，听课时要注意听老师是怎样引出新课题的，又是怎样把新课题展开、怎样讲解、怎样归纳小结的。如果上新课前能够切实进行好预习，则可以把自己预习的情况与老师讲课的内容进行比较，这在预习一项里已谈到了。这样，就可以在听课时明确老师的思路，这思路也就是我们掌握知识的思路。

　　其次是听联系。老师讲课时，一定会联系许多过去学过的旧知识，使学过的旧知识成为学习新知识的基础。上课时要注意听这种联系，不但可以复习巩固旧知识，而且对于学习新知识也有重要的促进作用。老师讲课时，一定会遗留下一些问题，或提出一些问题，这些问题正是以后在讲课中要解决的，上课时注意听这些问题是如何提出的，为以后带着问题听课奠定基础。这也是一种联系，这种联系造成了我们心理上的一种不平衡，即已有知识与未知的知识之间的不平衡，这种不平衡会促使我们去恢复平衡，因而产生一种求知的欲望。通过对未知知识的探求，使未知变为已知，以达到新的平衡。因此，上课时注意听这种联系，可以发挥出我们内在的学习潜力。老师讲课时，还会联系很多生活实际、生产实际、自然实际、科学实验等，这些联系不但可以使我们加深对知识的理解，而且能使我们运用所学知识去解释或解决实际问题。因此，上课时也要注意听好这些联系，这就是我们常说的理论联系实际的主要内容。

　　最后是听重难点。每一节课都有每节课的重点内容，有的课还有一些难点内容。对于重点知识，老师会反复强调，会不断地从不同的角度去讲解，会围绕重点提出一些问题，以便让同学们理解和掌握。有时老师会明确指出哪些内容是重点，是必须掌握的。一般情况下，在每节课快要结束时，老师都会对该节课的讲课内容加以归纳总结，而归纳总结的内容恰恰是该节课的重点。

对于上述几种情况，都需要在听讲时加以注意，我们不可能也没有必要把老师讲的每一句话都记住，但重点内容是必须记住的。有时重点知识就是难点，如光合作用、呼吸作用的知识，减数分裂的知识，基因的概念，基因突变的知识等。

及时复习大过天

每节课上，老师一般都要留一定量的作业，这些作业的内容多是当天讲课的重点内容，是应该认真对待的。做作业的过程就是复习和巩固所学知识的过程。但是，很多同学把作业仅仅当成一种任务，甚至当成负担，认为急急忙忙赶完作业，当天的任务就完成了，殊不知，这种做法对学习的帮助是微小的。无论课上老师是否留有作业，课下都应该先进行复习，及时将当天老师所讲的知识复习一遍，这可以加强记忆，克服遗忘。

总结后方能灵活运用

总结是指在学习完某一章知识，对此章知识进行整理、重组，总结出该章知识的联系、知识的系统或知识的结构，以便我们能从整体上把握知识，加深对知识的理解并灵活掌握。总结的方法一般可用构建知识网络的方法和纲要法。

　　总之，做好总结是我们学习常规中的一项重要内容。因为通过总结，不但可以复习巩固所学过的知识，而且能使知识系统化、条理化，使知识连贯起来、综合起来，使知识建立起各种联系。这样，就使我们能在一个新的、更高的水平上来对待知识，就好像我们站在山顶上看山下四周的景色一样，不但能看清所有景点，而且能看清各景点间的关系。由于我们站在了一个新的高度上来看待知识，也就有了驾驭知识的能力，即能灵活理解、掌握和运用知识了。

○ 记忆知识有诀窍

　　记忆是学习的基础，是知识的仓库，是思维的伴侣，是创造的前提，所以学习中依据不同知识的特点，配以适宜的记忆方法，可以有效地提高学习效率和质量。记忆方法有很多，下面仅举生物学习中最常用的几种。

简化记忆法

　　所谓简化记忆法，就是通过分析课本或者课堂笔记，找出要点，将知识简化成有规律的几个字来帮助记忆。例如花的主要结构雄蕊和雌蕊，可记为雄二雌三，即雄蕊由两个结构组成——花药和花丝，雌蕊由三个结构组成——柱头、花柱和子房。再比如，DNA的分子结构可简化为"五四三二一"，即五种基本元素，四种基本单位，每种单位有三种基本物质，很多单位形成两条脱氧核酸链，成为一种规则的双螺旋结构。还有观察植物细胞的实验步骤，可以归纳为擦、滴、撕、取、盖、染、吸。

联想记忆法

即根据课本内容，巧妙地利用联想帮助记忆。我们常说"学以致用"，反过来"用也可促学"。把生活实践中的经验知识应用到课堂学习中来，在激发学习积极性的同时，也会使知识记得更牢固。例如：由"管理农作物时进行松土，可以促肥"可以联想起生物学知识"植物的根部吸收矿质元素离子需要氧气促进根的有氧呼吸"；记血浆的成分，可以和厨房里的食品联系起来，记住水、蛋、糖、盐就可以了（水即水，蛋是蛋白质，糖指葡萄糖，盐代表无机盐）。

对比记忆法

在生物学学习中，有很多相近的名词易混淆、难记忆。对于这样的内容，可运用对比法记忆。对比法即将有关的名词单列出来，然后从范围、内涵、外延乃至文字等方面进行比较，存同求异，找出不同点。这样反差鲜明，容易记忆。例如，光合作用和呼吸作用，水分代谢和矿质代谢，线粒体和叶绿体等。

纲要记忆法

生物学中有很多重要的、复杂的内容不容易记忆，可将这些知识的核心内容或关键词语提炼出来，作为知识的纲要，抓住了纲要便有利于知识的记忆。例如高等动物的物质代谢就很复杂，但它也有一定规律可循，无论哪一类有机物的代谢，一般都要经过"消化""吸收""运输""利用""排泄"五个过程，这十个字就成为记忆知识的纲要。

口诀记忆法

将生物学知识编成"顺口溜"，生动有趣，印象深刻，不易遗忘。例如血液成分变化歌诀：

> (流过)心脏动、静脉不变，各器官处要交换，
> 流过肺部静(脉血)变动(脉血)，
> 其他器官动(脉血)变静(脉血)。

再比如，消化和吸收系统的记忆口诀：

> 口咽食胃小大肠，分工全都不一样。
> 口嚼舌搅淀粉消，胃内蛋白有走掉。
> 小肠里面最重要，胰液胆汁凑热闹。
> 消化吸收一肩挑，三类营养要记牢。

衍射记忆法

此法是以某一重要的知识点为核心，通过思维的发散过程，和与之有关的其他知识尽可能多地建立起联系。这种方法多用于章节知识的总结或复习，也可用于将分散在各章节中的相关知识联系在一起。例如，以细胞为核心，可衍射出细胞的概念、细胞的发现、细胞的学说、细胞的种类、细胞的成分、细胞的结构、细胞的功能、细胞的分裂等知识。

○ 思维方法是核心

思维能力是各种能力的核心，思维方法是思维能力的关键，所以思维方法在学习方法中占有核心的位置。在生物学学习中常用的思维方法有分析和综合的方法、比较和归类的方法、系统化和具体化的方法，以及抽象和概括的方法。

分析和综合的方法

分析就是把知识的一个整体分解成各个部分来进行考查的一种思维方法，综合是把知识的各个部分联合成一个整体来进行考查的一种思维方法。分析和综合是生物学习中经常使用的重要方法，两者联系密切，不可分割。只分析不综合，就会见木而不见林；只综合不分析，又会只见林而不见木。在实际运用时，既可先分析后综合，也可先综合后分析，还可以边分析边综合。

比较和归类的方法

比较是把有关联性的知识加以对比，以确定它们之间的相同点和不同点的思维方法。比较一般遵循两条途径：一是寻找出知识之间的相同之处，即异中求同；二是在寻找出了事物之间相同之处的基础上找出不同之处，即同中求异。

归类是按照一定的标准，把知识进行分门别类的思维方法。生物学习中常采用两种归类法：一是科学归类法，即从科学性出发，按照生物的本质特性进行归类；二是实用归类法，即从实用性出发，按照生物的非本质属性进行归类。

比较和归类互为前提，一方面只有通过比较，认识生物的异同点之后，才好进行归类；另一方面，只有把生物进行归类，才好进行比较。因此在生物学习过程中要把两者有机地结合起来。

系统化和具体化的方法

系统化就是把各种有关知识纳入一定顺序或体系的思维方法。系统化不单纯是知识的分门别类，而是把知识加以系统整理，使其构成一个比较完整的体系。在生物学习过程中，经常采用编写提纲、列出表结构、绘制图表等方式，把学过的知识加以系统的整理。

具体化是把理论知识用于具体、个别场合的思维方法。在生物学习中，适用具体化的方式有两种：一是将所学知识应用于生活和生产实践，分析和解释一些生命现象；二是用一些生活中的具体事例来说明生物学理论知识。

抽象和概括的方法

抽象是抽取知识的非本质属性或本质属性的一种思维方法，可以有两种水平层次的抽象：一是非本质属性的抽象，二是本质属性的抽象。

概括是将有关知识的非本质属性或本质属性联系起来的一种思维方法，它也有两种水平层次：一是非本质属性的概括，叫作感性概括；二是本质属性的概括，叫作理性概括。

抽象和概括也是互为前提、相辅相成的，在学习过程中应有意识地进行抽象中以概括，概括中以抽象，以达到对知识正确、深入的掌握。

〇 学以致用是目的

生物这一学科的理论知识与自然、生产、生活都有较紧密的关系，在生物学习中，要注意联系这些实际。联系实际的学习，既有利于扎实掌握生物知识，也有利于提高自己解决问题的能力。

联系自然实际

所谓自然实际，也就是我们居住地附近的公园、草地、树林、动物园甚至路旁，都会有许多现成的动植物。这些场所是动植物生长、生活或者栖息的场所。学习相关知识时，到这些地点去参观考察，对理论知识的理解和掌握大有益处。比如，学习叶序和花序的时候，可以去公园或者野外进行实地考察，寻找各种类型的叶序和花序，一边观察，一边记录，在这个过程中，既感受到知识的迁移，也增添了学习生物的兴趣。

联系生产实际

生物中的许多原理和工农业生产都有着紧密的关系，学习这些原理时，就要考虑它能解决生产上的什么问题。如此做，不仅有利于对原理的掌握，而且还能提高解决实际问题的能力。

比如，早春播种后用塑料薄膜覆盖地面，为什么会促进出苗？这在农业生产中是地膜覆盖问题，而在生物学科中是温度对种子萌发的影响问题，即通过地膜覆盖可以提高地表层土壤的温度，从而促使种子提早萌发。再比如，家里养花为什么要松土？为什么要换盆？家里养的鱼为什么长时间不换水会有绿苔？这些问题都可以利用生物知识进行解答。以用促学，会让自己越学越有劲。

联系生活实际

生物知识与生活实际的关系更直截了当、更普遍，因此在生物学习中紧密联系生活实际就更为重要。生活实际包括已有的生活常识和以后的生活行为两类。生活常识可帮助我们理解生物知识，生物知识也能够指导我们的生活行为。

比如，在学习了植物的光合作用和呼吸作用之后，我们就知道晚上睡觉时，别把绿色植物放在房间里，因为夜间没有阳光，植物中的叶绿素无法产生光合作用，也就不能将二氧化碳转化成氧气和碳水化合物，发挥不了绿色植物的供氧功效。

第七章

学习政治的高效方法

- 跟着课堂思路走
- 课本是学习的根本所在
- 主动搭建知识体系
- 集思广益，借力不费力
- 趁热打铁，及时复习

初中政治课不像语、数、外那样是主学科目，所以它的重要性往往容易被忽略，但是在日常生活和文综考试中它又是不可或缺的。本章将给大家介绍一些政治课学习上省时、省力又有效的方法。

○ 跟着课堂思路走

上课是学生在学校学习知识的主要途径，也是提高成绩和培养能力的关键方法。但仅有思想上的重视是不够的，要使听课取得好的效果，就应该有好的听课方法。

专心看，专心听

专心看老师的板书、专心听老师的讲解是保证听课质量的基本条件。因为只有集中精力、专心听课，学生才能看到老师在黑板上写的是什么，听到教师讲的是什么、问的是什么，才能跟得上老师讲课的思路，抓住重点，解决难点，才能从老师讲课中受到启发，发现问题，提高听课的质量。

积极参与思考

在课堂上积极参与，不仅仅体现在看、听、记结合听课，还应该积极思考，一是将自己预习过程中预设的重点和疑问与老师的讲解结合起来；二是跟上老师的思路，积极开动脑筋，参与课堂活动。

一般说来，听是关键，是基础。因为听不清就记不清、记不全，思考也无法进行。听课时，只有一边听，一边思考，才能跟上老师讲课的思路，才能从中受到启发，找到解决问题的方法；也只有通过思考，才能发现问题，得到更多的收获，提高听课的质量。

做好课堂笔记

一堂课如果不做笔记，即使上课听清听懂了，课后也不一定记得清、弄得懂。所以，听课笔记很重要，一定要记，而且要记好。

课堂笔记的内容包括：课堂主题或者章节标题；教师讲课的思路线索；重要的观点、概念、事例；关键性和总结性的内容，或者老师额外补充的新内容；标记出没有听懂的知识点，以及听课中发现的新问题；记下作业的题目、要求等。

此外，笔记要主次分明、层次清楚、重点突出，切忌主次不分、杂乱无章，也不要贪多求全、一字不漏。

〇 课本是学习的根本所在

要点扩散法

所谓要点扩散法，就是把课本中的基本概念、基本原理和基本观点的含义分解为若干个层次，从信息点扩充为知识面，逐层展开分析。

　　中国共产党领导人民制定宪法和法律，领导人民实施宪法和法律。做到党领导立法、保证执法、支持司法、带头守法。中国共产党要履行好执政兴国的重大职责，必须在宪法和法律范围内活动，依据宪法和法律治国理政。

　　运用要点扩散法分析该知识点时，首先要明确该解释点明了四点：领导力量、阶级基础、基本职能和国家制度。

　　①领导力量，即工人阶级。而工人阶级的领导又是通过中国共产党的领导来实现的。

　　②阶级基础，即工农联盟。应进一步引导学生认识人民民主专政的阶级基础和社会基础的区别及联系。

　　③基本职能，即在人民内部实行民主，对敌人实行专政。在我国现阶段，人民又包括广大的工人、农民、知识分子、全体社会主义劳动者、社会主义事业的建设者以及一切拥护社会主义的爱国者和拥护祖国统一的爱国者。

　　④国家制度，中华人民共和国是工人阶级领导的、以工农联盟为基础的人民民主专政的社会主义国家。人民行使国家权力的机关是全国人民代表大会和地方各级人民代表大会。

概要提炼法

　　所谓概要提炼法，是指从课本知识点中提炼出关键信息，从而揭示主干，把握要领。

我国是人民民主专政的社会主义国家。国家的一切权力属于人民，这是我国宪法的基本原则。

宪法确认我国的国家性质，明确人民当家作主的地位。我国的宪法第二条规定："中华人民共和国的一切权力属于人民。"

宪法制定的社会主义经济制度奠定了国家权力属于人民的经济基础。我国经济制度的基础是生产资料的社会主义公有制。这一制度保证人民成为生产资料的所有者，成为国家的主人。

提炼法，一是有利于抓住中心和要领；二是有利于厘清内容脉络；三是有利于记忆。

提问风暴法

所谓提问风暴法，就是针对同一内容从多角度、多方位进行追问，以引导思考、加深理解的方法。

比如，对于社会主义民主和社会主义公有制的关系问题，可以提问：①社会主义民主与社会主义经济基础之间是什么关系？②为什么说"社会主义民主是社会主义经济基础的客观要求"？③怎样理解"社会主义民主是社会主义生产关系在政治上的本质表现"？

运用提问风暴法，既可以加深对课本的理解，又有利于培养审题能力、应变能力。

主线引导法

即按照课本编写的主要线索和指导思想去阅读、思考并理解课本。也就是说，要将篇章的主要引导线索当作阅读指导，并贯穿整个篇章的学习，这样可以更好地把握分析政治现象的原则和方法，加深对知识点的理解。

比如，我国享有人权的主体有哪些？在我国，人权的主体非常广泛，既包括我国公民，也包括外国人等。不仅保护个人，也保护群体。受宪法保护的人权内容有哪些？宪法保护的人权的内容也很广泛，既包括平等权、人身权利、政治权利，也包括财产权、劳动权、受教育权等经济、社会、文化方面的权利。我国人权观的特点是什么？中国的人权具有广泛性、公平性和真实性三个显著特点。

○ 主动搭建知识体系

分散学习每个知识点，难以把它们全部按照一个整体串起来。而且，没有体系支撑，碎片化的东西学起来快，忘起来也快，最后会发现花在学习上的时间都白费了。知识体系可以在一定程度上打破章节框题顺序的局限，让学生把握课本的整体联系、逻辑关系和结构特点，并且能够随时温故、查漏补缺以及延伸课本内容。就像建房子一样，先把知识的框架和大梁（体系）建起来，然后再去想办法给它添砖加瓦（碎片化）。

使用该方法，需要在整体上把握课本并找出线索，突出内容之间的逻辑性、系统性，使分散的知识趋于集中、零碎的知识归入系统、杂乱的知识构成条理，搭建起一个相对完整的逻辑导图。它不仅使学生全面系统而又有重点地掌握了基础知识，而且开拓了学生的认知领域，有利于学生思维能力、自学能力的培养和提高。

要运用知识体系法，首先必须通览课本，并在阅读中提炼出可供关联的逻辑关键点，然后再进行串联。知识体系的关键在于恰到好处地选择和设置具备贯通条件的逻辑连接点，即一个个具体的问题，或者代表性的观点等。

自己动手绘制知识体系

一种简便易行的方法是先从课程或章节标题入手，逐渐分层、细化知识点，思考和分析本课或本节的框架、各层内容之间的逻辑，以及分别是从什么角度进行阐述的；随后，用尽可能简短的词句甚至用一个词概括核心点；最后，用不同方向的箭头将知识连接起来，这样就可以自己绘制出一幅知识体系图了。

如果能经常进行上述工作，就会提高我们构建知识内在联系的能力。扩而广之，你可以对整册书包含的内容进行整理和概括，对一个学科的知识形成一个宏观的认识。

发现和积累感性材料

理论联系实际是政治课的教学原则和重要的学习方法，用所学的理论解决实际问题是学习知识的最终目的。在日常生活中，可以随时随地去发现和积累一些感性材料，比如阅读报纸和杂志上有关整顿规范市场经济秩序、保护生态环境、科技创新活动与成果等方面的文章，自觉用所学知识多角度地认识和分析一个问题。在长期坚持的基础上可以对同一类社会问题进行概括和归纳，找出解决这类问题一般使用的理论知识，以实际材料为背景构建一种新的知识联系。

○ 集思广益，借力不费力

设疑解疑

自学时要做到厘清知识梗概、基本概念，通读课文，找出重点，提出疑问，并联系社会和自己的思想实际提出问题，同时养成随时做备注的习惯，记下自己的思考或者疑问。

由于每个学生在知识基础、理解能力等方面存在着差别，自学中就会遇到这样那样的问题，这时可以向周围同学请教，互相讨论，甚至各抒己见进行争论。这种讨论的实质是相互帮助、相互启发、相互补充，是自学的必然发展。

时政积累

光学习课本上的知识是不够的，考试时总是会出现一些"热门话题"，这就需要我们在课外多看一些媒体报道，比如报纸、电视新闻等。同时，作为当代青年的我们，应多关注国际、国内的发展变化，多关心国家大事，培养我们的爱国情操。从历年来考试的情况和趋势来看，时事政治学习的主要内容和途径应有以下四个方面。

①国际、国内的时事政治。记住重大事件、会议的日期、名称、参加人员、解决了哪些问题等。不应该考试前临时抱佛脚，要尽量在平时养成关注时政并运用所学知识进行分析的习惯。

②党和国家的重大会议的报告、公报、决议。对其中涉及党和国家重要方针政策的关键性段落、重要语句等不仅要理解，而且要记扎实。

③一年以内的国际国内的时事政治资料，按时间顺序由远而近加以整理。

④日常阅读资料来源以《人民日报》《半月谈》《求是》和《新华月报》等报刊刊登的新闻为准。特别是《半月谈》和《新华月报》，其对国际国内的时事归纳得极有条理，很适合中学生作为复习时事政治的参考资料。

集思广益

集思广益是"借力使力不费力"的良好学习方法。在平时的学习中，要做个有心人，多观察其他优秀同学的做法，仔细倾听老师的说法，善于琢磨，善于思考。同时，要学会总结政治学习的方法，掌握审题答题的技巧，把握政治学习材料的分类，并明确各类材料的立意中心，做到有的放矢，思路明晰，提高运用知识的能力。

梳理自检

梳理自检是指对课本进行分析和综合，形成知识提纲，并以此作为自检工具。其方法是对照课本将每个章节的问题（知识点）进行梳理，逐个回答。之后找出对应的关键词语(要点)，将其整理成笔记，并用不同的线条和符号把关键的词语和提纲上的问题相联系，综合成理论观点，再把各理论观点与框题联系，形成知识结构图。

梳理记忆知识结构图的方式不仅可以用来复习巩固知识，还可以用作课后自检，查漏补缺。这样既能使抽象的理论形象化、系统化，帮助我们进一步深化对课本知识的认识，又培养了我们的分析和综合能力。

○ 趁热打铁，及时复习

遗忘是一种正常的生理现象，时间与遗忘的数量成正比。因此，对待遗忘最好的良药就是趁热打铁，及时复习；定时复习，巩固记忆。经过多次复习后，知识即可成为长久记忆。如此，面对各种考试才能镇定自若，发挥出自己的实力。

日常回顾性复习

在日常性复习的基础上进行阶段复习和期末总复习，才能收到预期的教学效果。千万不要认为思想政治课是一门靠"临时抱佛脚"就可以学好的学科，如果你觉得平时背诵记忆，不如考试前复习周"猛背一阵"的效果好，那就大错特错了。实践证明，这样的复习只能是囫囵吞枣、死记条条，最多能应对一部分选择题和简答题，对于考查细节理解能力的改错题、辨析题甚至考查理论运用能力的论述题，没有对知识的理解和长时间的积累，是很难取得好成绩的。

首先，学完新课后，要及时通过课后思考题和针对性的练习题来进行巩固和强化，通过练习可以加深对知识的理解，也训练了理论的应用能力，还能及时发现知识漏洞。

阶段性知识自检

阶段性知识自检相当于章节复习或者单元复习，是把课本内容框架中相对独立的一部分单独划分为一个阶段，也就是将内容上同属一个区块的几章内容作为一个整体进行复习。

阶段性复习的方法要多样化，可采用概括性复述、提纲式筛查和专项练习等方法。阶段性复习可以从整体上把握一个单元的知识，有助于将所学知识体系化、深刻化，也为开启下一阶段的学习打下坚实的基础。

针对考试的复习

针对考试的复习，顾名思义就是指在期中考试、期末考试或者年级考试前进行的系统性复习。针对考试的复习要想取得效果，离不开日常回顾性复习和阶段性复习。

作为针对考试的一次大复习，首先，要对课本上的基础理论知识进行梳理，将所学的理论知识系统化。其次，通过提纲自检、错题复习来查漏补缺，弥补日常学习中的缺陷。最后，通过进一步的练习来提高对知识的举一反三运用能力，为即将到来的考试打下坚实的基础。

第八章

学习历史的高效方法

- 课本"由薄读厚"
- 课本"由厚读薄"
- 历史年代记忆妙招
- 历史要素分类表解法
- 用记号和批注加深记忆

> 掌握学习方法是学习中至关重要的一环。只要养成良好的学习习惯，采取正确的学习方法，历史学习一定会事半功倍，充满乐趣。

○ 课本"由薄读厚"

所谓课本"薄"是指薄薄的几本历史课本，实际上以极其浓缩、精练的方式讲述了中国和世界各个主要国家上下数千年的历史进程，其中的知识量或信息量是相当大的。在学习中，我们需要把这些浓缩的知识适当展开，让"干巴巴"的历史框架变得厚重、丰满起来，也就是把历史书读得"厚"了。使历史书变"厚"的方法有以下几种可供借鉴。

扩展知识点，丰富历史

历史课本是以客观历史事件为依据撰写出来的，任何历史事件都会涉及发生时间、地点、主要人物、事件产生的背景、发展过程和结局，以及所产生的影响等。以此展开，每节课的内容就会包括大量的知识点。

例如，中国历史中"北宋的政治和经济"一节，知识点有70多个；世界古代史第八章，知识点有近200个。学习历史，必须详细地、具体地、牢固地掌握相关知识点。

把握普遍性，区分特殊性

学习历史，在搞清每一个历史事件来龙去脉的前提下，不仅要把握住同类现象的共同方面，更要把握其互相区别的矛盾的特殊性，否则，就会在运用中出现混淆不清、似是而非的情况。例如，世界史上曾存在过几种等级制度，像印度的等级制度、西欧封建社会确立之初的等级制度及法国大革命前的等级制度等。学习时，就要将它们各自出现的历史背景、具体内容和对当时及后世的影响等不同之处搞清楚。

培养科学的历史观

掌握科学的历史观，可以帮助人们从纷繁复杂的历史碎片中把握历史的内在本质，从大量看似偶然的历史现象中把握历史的必然趋势，从而对历史事件的认知和评价更加客观、全面、公正。因此，在学习历史的时候，不仅要掌握大量具体的历史事实，还要逐步掌握认识历史的正确观点和科学方法。这样，获得的知识就不再是历史事实的简单堆砌和对历史的肤浅的感性认识，而是形成了有一定"厚度"的主体知识结构。

譬如，中外史实表明，一种新的生产方式在旧的社会形态内部发生、发展到一定程度时，必然要导致社会的变革和革命，新的社会形态代替旧的社会制度。中国史上，春秋末年"私田"大量出现，"井田制"逐步瓦解，最终导致了战国时期新兴地主阶级的改革运动，废除了旧的奴隶制度，确立了新的封建制度。世界史上，封建社会末期，资本主义生产方式的产生和发展，也导致了一系列国家和地区的革命，一种新的社会制度——资本主义制度在世界上出现了。了解了这些史实，便很容易理解"物质资料的生产方式是社会发展的决定力量"这个道理。

阅读注释

注释在历史课本中并不罕见，其实历史课本中的注释往往能透漏出一些关键的历史信息，因此也是历史课内容的有机组成部分。

如何阅读注释，并利用注释来丰富我们的历史知识呢？

第一，顺藤摸瓜。课本中的注释展示了课本在编写过程中所引用的论述的出处以及一些原始资料的信息。对历史感兴趣同时又有余力的同学，可以循此去查阅，这对于全面领会课本的论述以及拓宽知识面有很大好处。

第二，补充关键信息。有些注释补充了一些关键的历史信息，了解这些信息对于完整地理解和掌握课本有重要的作用。例如在讲世界近代史"法国资产阶级革命"中三级会议开幕的时候，通过看课本下面的注释，了解有关法国三级会议的来龙去脉，就会对"1789年三级会议的召开是法国革命爆发的导火线"这一结论有了更加清楚的认识。

第三，丰富见闻，增加趣味。例如在讲世界古代史"古代希腊、罗马奴隶制国家"一章中希腊的建筑和雕刻时，课本以注释的形式解释了当前风靡世界的奥林匹克运动会的由来。这不仅由枝而叶地扩大了学生的知识面，也提高了学生学习历史的兴趣。

○ 课本"由厚读薄"

历史事件的发展是有其内在规律的，历史课本的编撰也是有其经纬逻辑的。要分析课本框架、厘清历史事件的脉络，可以通过对书本中一个又一个历史事件的学习和分析，看清课本中每一章节的编撰逻辑。

那么，怎样掌握历史逻辑框架，并将历史课本"由厚读薄"呢？

从目录把握历史体系

目录往往是全书内容的缩影和提纲，是课本编撰逻辑最直接的体现。打开目录，便可一览全书的框架和脉络。如果把目录比作一根"链条"，编、章、节、目就是"链条"上的重要环节，环环相扣，安排缜密。编、章、节的标题是"路标"，目就是"路标"指引下的主要内容。抓住这根"链条"，就能掌握全书的总体结构和基本体系。

从目录看中国史课本和世界史课本的体例有所不同。中国史是以纵线为主，横线为辅，以时间的先后、王朝的更替顺序为记述的主线，而以每一朝代的政治、经济、文化等状况的并列记述为辅线。世界史则有所不同，虽然总体上仍按历史演进的大纵线来记述，但是在每个历史时期或历史阶段上，则以空间上并存的国别史为叙述的主要内容。也就是说，同一时期的各个国家史是横排并列叙述的，某一国历史的纵向的连贯过程因此常被打断。

从目录上，就能看出这种体例的差异，而了解体例可以帮助学生更好地掌握内容。特别是学世界历史，一方面要掌握各个历史时期或阶段并存的有哪些国家或王朝；另一方面，要学会从"断"中把握"不断"，源流相续，把握住每个国家前后相继的历史演变。

研读课本，提炼要点

体系化历史知识的获得都始于对课本的研读，这是掌握丰富历史信息的最基础环节。要读好课本，应做到：

第一，不同类型的历史事件，需要运用不同的方法提炼要点。如一个朝代的建立，需要从掌握时间、地点、经过、后果和影响诸方面去把握；对于历史人物的把握，可以从国籍、时代、称谓、作为和评价等几个方面进行归纳；对于历史作品，应从时代、作者（包括国籍）、主要内容和意义等方面去掌握。对于会议类知识，要从时间、地点、参加者、内容和影响等方面进行提炼；对待条约类知识，可从时间、地点、签约双方、内容和影响五个方面梳理。对于战役类，必须注意时间、交战双方、经过及后果（或作用）等方面；对于改革类，需从背景、时间、改革者、内容、意义几个方面去掌握；而涉及"意义"方面的知识，则需要从性质、作用和局限性等方面去考虑。

第二，一定要利用好老师的板书提纲，因为其往往是课本内容的概括集中，掌握它，有利于提高学习效率。以美国南北战争的历史意义为例：①性质："南北战争"是美国历史上的第二次资产阶级革命。②作用：它取消了黑人奴隶制度，为资本主义的进一步发展扫除了障碍，使美国的经济在19世纪后半期迅速赶上并超过英、法等先进资本主义国家。③局限性：美国资产阶级仍然推行种族歧视政策。直到今天，对黑人的种族歧视和阶级压迫仍然是美国社会存在的一个严重问题。

第三，掌握历史唯物主义的基本观点，要历史地辩证地分析历史问题。如法国资产阶级革命之所以从一个高潮推向另一个高潮，并在最后取得彻底胜利，法国人民的三次武装起义在其中起到了扭转乾坤的作用。因此，课本在具体叙述了法国人民三次武装起义的基本史实之后，得出结论："人民群众积极参加，三次挽救和推动了革命，使革命得以彻底进行。"

识图、描图、注图

历史地图通过简明的地图符号，显示历史现象发生的空间位置，是对教科书内容的补充和说明，有助于帮助学生形成正确的空间概念。首先是识图，即识别地图的种类，揭示历史现象的本质；其次是描图，有些地图可用色笔来描图，印象会更为深刻；最后是注图，在图中或图旁加注，把课文和地图有机地联系起来，以便于更好地理解和掌握课文。

历史插图包括教科书前的彩色插图和教科书里的插图，如人物画像、人物活动、历史文物和名胜古迹等。它们生动地、具体地补充和说明了教科书的重点内容，学习时要辨别插图的特点，分析插图的结构，掌握插图的要点。

学习中要做到有图必读、有图必识、有图必析，以加强形象感。

充分利用大事年表

每册教科书的最后都附有"历史大事年表"，这些历史年表，是以年代为"经"，大事为"纬"编制而成的。在学习课文的前提下，认真阅读历史大事年表，有助于增强时间概念，巩固对基础知识的记忆。经常翻阅历史大事年表，将中外年表进行对照，注意同一年代或同一时期中外发生的大事，有助于对横向知识的理解和巩固。

以问题为导向，再现历史

不会读史的人，往往拿起书本从头读到尾，读后不知所云，甚至糊涂起来。实际运用时，就难免史实混淆、张冠李戴。带着问题读书，"再现"历史，就可以有的放矢地学习，尽量避免上述毛病。

如何做到以问题为导向地学习历史呢？首先，先读问题，就是在浏览目录的前提下，阅读教科书编、章、节、目中提出的问题；其次，阅读教科书章节后面附带的问题。所有这些问题，往往都是历史知识的重点所在。

○ 历史年代记忆妙招

记忆历史年代，是学好历史的重点。可是历史年代枯燥无味，难学难记，学生们往往望而生畏。有些学生靠死记硬背，当时背得挺熟，但时间一长，就记不清、说不准了。

说到记忆（包括机械记忆），任何学科都是不可少的。历史知识的三要素是时间、空间和人物，由此构成历史事件。在学习历史的过程中，有的同学对浩繁的历史年代产生了畏惧和厌烦心理："只记历史人物和事件，不记历史年代，岂不省事吗？"学历史而不知时间，等于骑车上街不看红绿灯，后果可想而知。所以记忆历史年代，一要目的明确，二要坚定信心，三要方法得当，不可含糊。

记忆历史年代不是"难于上青天"的事。入门既不难，深入下去也是办得到的。只要在记忆的一般规律指导下，注意历史学科的具体特点，如综合性、系统性和连续性等，抓住历史事件的前因后果、来龙去脉，学会化整为零、化块为面、化面为线，点线结合、纵横交织，就可以达到融会贯通的境界。

趣味记忆

（1）谐音法

如马克思生于1818年5月5日，可把"1818"谐音为"一巴掌一巴掌"，把"55"谐音为"呜呜"，合起来就把马克思的生日说成"一巴掌一巴掌打得资本家呜呜好痛"。

（2）比喻法

如1900年是义和团运动的高潮时期，可把数字的形状比成义和团群众拿着各种武器，长矛像"1"，钢叉像"9"，盾牌像"00"，从而记住1900年这个历史年代。

（3）口诀法

如朝代口诀："唐尧虞舜夏商周，秦汉魏晋南北朝，隋唐五代十国宋，元明清民到共和"；如清朝帝王年代口诀："顺康雍乾嘉道咸，同治光绪宣统三"；如公元年代口诀："960，建北宋；1127年，南宋建立"等。

中国共产党的一些重要会议，也可编成口诀："一二三八古，12379；遵瓦在35，七大在45；七届二中会，已经到49"，以此轻松涵盖了党的九次重要会议。

在古代史中，有人把朝代和历史事件编成顺口溜，简便易记，效果很好，如"从夏至今四千年，公元前后各两千，后汉以后公元后，后汉以前公元前"。这就是把我国历史分成两大段，虽不十分准确，却也大致差不多。又如："夏商周秦前后汉，三国两晋南北朝，隋唐五代继两宋，接下元明和清朝。"这一口诀记述了我国朝代兴衰次序，28个字生动地活画出中国历史长河的大体轮廓，再经过具体填充，朝代兴衰演变史的全过程就显得更清楚了。

对照记忆

即用中外对照或古今对照的方式来记忆历史年代。

（1）古今对照法

以公元0年为对称轴，进行前后对照。如公元前221年秦统一，公元221年蜀国建立。公元前841年是西周共和元年，公元841年则是唐武宗会昌元年。

（2）中外对照法

即把世界史、中国史和年代对照记忆。我国春秋时期鲁国实行初税亩是在公元前594年，在世界史上雅典梭伦改革也是公元前594年。再如中日甲午战争是1894年开始，朝鲜甲午农民战争也发生于1894年。

比较记忆

即用互相比较的方式来记忆历史年代。

（1）比早法

如世界近代史比中国近代史早200年，中国近代史的开启时间是1840年，世界近代史的开启时间便是1640年。再如世界现代史比中国现代史早两年，中国现代史开端是1919年，世界现代史开端便是1917年。

（2）比晚法

如第二次世界大战比第一次世界大战晚25年，第一次世界大战是1914年，第二次世界大战便是1939年。

推导记忆

根据记住的历史年代，经过推导从而记住另一个或几个历史年代。

（1）前推法

从基点数向前推导。例如知道郭沫若写《甲申三百年祭》是1944年，往前推300年，即1644年。李自成建立大顺政权，农民军攻占北京，明亡，清军入关，均发生在这一年。

（2）后推法

从基点数向后推导。如知道1818年马克思诞生，恩格斯比马克思小两岁，即1820年诞生；列宁又比恩格斯小50岁，即列宁1870年诞生。

（3）双推法

从基点数向前后推导。如记住了抗日战争开始于1931年，往前推，十年内战开始于1921年；往后推，十四年抗战结束于1945年。

（4）互推法

几个密切相关的年代可以互相推导。如三国的建立年代，依次相差一年。220年魏国建立，221年蜀国建立，222年吴国建立。只要记住其中一个，就可推导出另外两个。实践证明，采取这种教学方法能引起学生学习历史的兴趣，使学生学得活、记得牢。

联想记忆

（1）相关联想法

通过相关事件的联想来记住有关历史年代的方法。如记住现代史三个重要事件的发生年代：1917年俄国十月社会主义革命成功，1919年我国发生五四运动，1921年中国共产党成立。这三件事密切相连，每隔两年发生一件，只要记住一件事发生的年代，其他两件事发生的年代也就联想起来了。

（2）相似联想法

通过相似事件的联想来记住历史年代的方法。如公元前119年张骞第二次出使西域。"119"这三位数字是我们大家都熟悉的火警号码，由公元前119年，联想到"119"火警的电话号码便好记了。

（3）相对联想法

通过相对事件的联想记住年代的方法。例如第一次世界大战前后经过四年，由爆发年代（1914年）可以联想到结束年代（1918年）；反之，由结束年代也能联想到爆发年代。

（4）巧合联想法

有些历史年代，存在某种偶然的巧合，如果能有意识地将它们联系起来，记忆效果会极佳。比如，公元前476年，春秋末、战国初，中国奴隶制开始瓦解。而公元476年，西罗马帝国灭亡，西欧奴隶制解体。多么巧！同是一个历史分期，又是完全相同的年代数字，只是公元前后不同（数轴上两个对称点）——中国比西欧早进入高级社会阶段近1000年。再比如，英国资产阶级革命，1640年，它揭开了世界近代史的序幕；而鸦片战争爆发，1840年，是中国近代史的开端。"后来居上"，进入近代，西欧比中国反而提前了200年。

公元前476与公元476，1640年与1840年，联系起来记，又清楚又深刻。

○ 历史要素分类表解法

历史要素分类表解是历史内容分类表解的提炼和再加工，即在对史实进行分类归纳的基础上，运用构成历史知识的各要素（包括时间、地点、人物、事件、原因、经过和结果等）及其类别（如单一、联系和综合等）再进行提炼和加工的一种表现方法。

整体要素图表

即构成历史知识的各要素全部参与，形成历史要素的整体联系。如表解"我国古代重大的政治改革"（表8-1）。

第一步，归纳出商鞅变法、孝文帝改革和王安石变法等项内容；

第二步，列出纵向联系、横向要素（如时间、地点、人物、原因、经过和意义等）；

第三步，进行信息提炼和再加工。

各次改革横向联系后再进行纵向联系，可从整体上考查各次改革，从而找出历史发展的规律性。

表8-1 整体要素图表

改革（事件）	时间	地点	人物	原因	经过	意义	横向联系
商鞅变法							
孝文帝改革							
王安石变法							
纵向联系							

部分要素图表

在此种形式的表解中，原因、结果等要素常被省略，因为它们具有相同性质或共同特征，故无须在表中再展开叙述，而是与表中要素形成联系。如"中国古代对边疆地区设置的统治机构"（表8-2）。

表8-2 部分要素图表

地区 朝代	西北	北部	东北	西藏	台湾	南海诸岛	横向联系
汉朝							
三国							
隋朝							
唐朝							
元朝							
明朝							
清朝前朝							
纵向联系							

表中横向联系是由时间（各朝代、各具体年代）、地点（各地区）、经过（措施，即统治机构的设置）、人物（在表中注明设置机构的统治者）及表外原因（目的）和结果（作用）等构成，因此，可以通过确定各历史要素分类方法对表中内容进行提炼和加工。

内容要素图表

将以往人们常用的内容式表解做进一步的提炼和加工，如"第一次世界大战后初期的主要资本主义国家"（表8-3）。

表8-3 内容要素图表

国家	经济	政治	对外政策	横向联系
英国				
法国				
美国				
日本				
意大利				
纵向联系				

以表中的经济内容为例，首先，将经济史实进行历史要素的整理，划分出经济发展或衰退的原因、表现（经过）及影响（结果）等主要的历史要素，然后再运用要素的类别进行提炼。其方法与前两种形式基本相同。

历史要素分类表解方法，从实际出发，遵循了教学大纲的原则，符合历史知识及教学过程的特点，具有科学性、系统性和实用性的优点。运用好这种方法，可以培养学生思维的广阔性、敏捷性和灵活性，提高学生多角度、全面地思考问题和解决问题的能力。

○ 用记号和批注加深记忆

"不动笔墨不读书"，这是徐特立的名言。法国思想家布韦也说过："读书不作记号等于不读书。"动笔墨就是在读书的时候，用红笔在课本上做记号和写批注，这是一种卓有成效的读书学习方法。

做记号就是在课本上画线或圈点，记号没有统一的规格和标准，可自行设计一套。比如：

_____ 表示重要的语句。

☆ 表示必须准确记忆的历史基本知识。

? 表示对课文内容的质疑。

①②③ 表示几个并列的内容要点。

○ 表示难写或难认的生字。

／表示课文内容的层次。

写批注就是在课本的字里行间或四周的空白处做解释或写评语。比如在阅读美国独立战争的经过时，可以在书中相应的部位做六条批注：①莱克星顿枪声（开始）；②大陆会议召开（建军）；③《独立宣言》发表（建国）；④萨拉托加大捷（转折）；⑤英军约克镇投降（胜利）；⑥英美签订和约（结束）。这六条正是美国独立战争的经过提纲及六件大事。

再如有的同学阅读"古代两河流域的文化"时，在历法旁加注"埃及为太阳历"，这就做了比较记忆，防止了同类知识的混淆。

在书中做记号和写批注有很多好处，可以使你阅读时思想集中、提高效率，加深印象、方便记忆；也可以突出要点，把书"由厚读薄"；还有利于今后的复习，翻开课本，重点、难点和自己对课本的理解加工等便立刻展示在你的面前，引起对旧知识的回忆，增强了复习效果等等。

第九章

学习地理的高效方法

- 升华你的地理知识
- 把握地理知识的灵魂
- 地图的四大助记方法
- 地理数据有点意思
- 高手支招巧妙记忆

学习地理并不困难，只要掌握好学习地理的工具和方法，就能学得扎实、学得灵活。在学中用、用中学，这样一切地理现象和社会现象便能迎刃而解了。

○ 升华你的地理知识

　　在中学地理教学过程中，有大量的地理名称、地理数据、地理事物和地理现象要求学生了解或掌握。课本中需要识记的内容分量很大，掌握识记规律，探究识记方法，才能提高识记效果。

　　其基本学习原则如下：

变机械识记为有意义的信息

　　识记的效果对理解材料的程度有很强的依存性。在学习过程中要寻找出它们的内在联系，使之成为有某种意义的识记材料。

　　以有关长江的几组地理数据为例：长江长度是6300千米。在学东非大裂谷和世界另外三大河流时，它们的长度和长江的长度组成一个数字组：6480千米（亚马孙河）、6500千米（东非大裂谷），6262千米（密西西比河）、6671千米（尼罗河）。这几个数字中百位数可组成类似等差数列的顺序，而其他各位数字均相同。而欧洲最长的河流、世界最长的内流河——伏尔加河长度是3530千米。

将这一组看似无意义的数据打包组合在一起进行记忆，这些数字立即就变得意义丰富起来，记忆效果也更深刻。

变抽象识记为形象化的识记

在地理学习中，地图是运用最多的模象直观形式。地图具有方位准确、数据直观、表现鲜明、地理要素内在联系外显等特点，是学习地理的第二语言和不可缺少的工具。读图、填图、分析图，不仅可以"索象于图"，还可以"索理于图"，以至"规划于图"。

地图既是获取知识的信息源，又是储存知识的信息库，是识记、分析、综合、运用地理知识的蓝图。学习过程中一定要边听边看、边画边填，养成自己动手画地图，用图学习、用图识记的习惯，变文字、声波识记为文字系统和图像符号系统的综合识记，调动耳、眼、手多种感官对大脑进行多方位刺激，从而提高识记效果。

变碎片化识记为体系化识记

体系化识记具有碎片化识记的分散材料的优势。比如在区域地理学习中，把知识结构概括为"位地气水生，资农工交城"十大要素组成的系统，可以轻松地建立对区域地理的知识结构，再把整体性信息分解成各具体的要素，进行逐次分析，并展绘在地图上。如此一来，便可做到既掌握了各地理要素的有关名称、特点和分布规律，还在地图上由点、线、面符号组成的知识网络上领会到各要素的相互依存、相互制约的关系，进而挖掘知识的内在联系和规律性，使知识得到迁移，从而提高理解知识和解题的能力。

○ 把握地理知识的灵魂

地图是地理的灵魂，因此想要学好地理，把握好地图是核心。

学会分类

（1）比较型

比较型是把两种或多种有相同要素的或者类似范畴的地理现象加以比较的地图，以展示相异地理现象之间的关联和区别。比较型图中涉及的地理现象往往从表面上难以区分，但它们的性质和成因是截然不同甚至是相反的。通过并列比较，彼此之间的区别就会变得清晰可见、一目了然。如气旋与反气旋、冷锋与暖锋、冷锋天气与暖锋天气、亚洲的冬季风与夏季风、背斜与向斜、地垒和地堑等。

对于这类比较型的图，在读图的时候一定要仔细对照，并从中找寻异同点。比如从表面现象看，冷锋天气与暖锋天气都有降水过程，并且两图中都是暖气团在上、冷气团在下，两者的关键区别在于哪种气团"主动"，此时应将关注点放在冷气团箭头的指向上，如此，便可以轻松明辨冷锋和暖锋的不同含意。

（2）演变型

这类图所展示的地理现象是呈动态的，比如演变发展图或运动变化图。

"地球的公转"图属于演变型图中的运动变化图。在观察时，要注意下列几个问题：①地球公转的方向；②地球自转的方向；③地轴倾斜的方向；④二分、二至的日期；⑤太阳直射点的变化；⑥北极圈内极昼和极夜的变化。只有抓住了运动过程中的各个关键点之间的状态和变化趋势，才算是把握住了这张图。

（3）关联型

各种地理和生态现象，粗略看时似乎杂乱无章，无迹可寻，但是稍加分析就可发现原来其中暗藏玄机，彼此之间是相互关联的。因此，这类关联型图对于地理知识的融会贯通来说就显得尤其重要了，因为它把纷繁复杂的内容以可视化的方式梳理出来了。

比如，"地壳物质循环图"将内外各种力作用的相互关系通过箭头联系起来，把物质循环规律模式和盘托出。又如生态系统的组成、池塘生态系统、生态系统的能量流动、土壤在地理环境中的地位和光化学烟雾的成因及危害示意图等，这些图都按顺序反映了前因后果、先后关联，这对理解和记忆课文的内容有很大的帮助。

（4）定量型

这类插图指含有绝对数值和比例数值的统计图表，数量虽少，却更能体现地理思维，考验分析问题的能力。如"我国农业产值构成示意图"就是典型的定量分析图型。从"我国农业产值构成示意图"中的几个百分比数字可以分析出下列几点：第一，我国农业构成农、林、牧、副、渔齐全；第二，种植业在农业产值构成中占绝对优势；第三，农业结构还不合理，农、林、牧、渔业没有全面发展，林业和渔业比重太小。通过分析可以进一步理解我国农业生产存在的利弊及努力方向。

学会读图

（1）先读图的主题

地图包括日照图、统计图、地形剖面图、地质图、地理景观图、地理原理示意图、地理漫画图、地理数据图、地理结构图、地理等值线图等。

（2）看清图例

比例尺是地图的基本要素之一，每幅地图都是按特定比例绘制的。如果题目的图片标明了所用比例，解答题目的过程往往相对轻松；而一旦题目中未明确标注比例尺时，在做题前首先就要分析图中是否有隐含的比例尺。遇到这种情况，认清其隐含的比例尺，就成了解题关键。

若图中没有使用特殊的图例，可以不论。通常而言，提前熟记通用比例尺，会大大提高做题效率。若地图题中带有独特的图例（符号），做题前必须予以高度重视，认清各符号所代表的地理事物，做题过程中需再将题干信息与图中出现的符号一一核对，逐个确认。

（3）注意细节

图题中的细枝末节，往往能提供重要的信息，一旦忽视，往往会导致失分。比如，遇见一幅某个大陆的地形地势图时，一定要注意观察图中的细枝末节，如大陆形状、经度值、海拔和某特殊地形的具体所在位置等，由此可以辅助推断出该大陆的名称。如果判断错了，可能就是忽视了这些信息导致的。

因此，在审图时，多关注细节，自然就会引起警觉，也就有可能避免判断错误了。

学会用图

在整个地理学习过程中，都要对书上出现的各种地图彻底理解，做到看到图就知道它在说什么。心里有图，把地图和地理知识（地形、气候、人口分布、经济发展等）对照起来，这是利用地图学好地理的基本方法和基本要求。

○ 地图的四大助记方法

人为画图，按图索骥

为了将地理事物的相互区位关系展现得更加明确，可以将地图进行局部提炼或者对地理事物之间的关联进行高亮显示。如在展示英国五大城市位置关系时，可以采用金线穿珠的办法：将利物浦、曼彻斯特、谢菲尔德、伯明翰、伦敦用线串成反"S"形，其相互之间的位置关系便一目了然。还可将图形做形象说明，例如用"Y"表示波罗的海的外形等。

在日常的填图训练中，根据整体——局部——整体的原则，大小图结合，先读图，后简化信息并提取关键信息，最后再回归原图。即先看总图，再出示暗射图，在脑海中浮现图像并拼图；接着简化填绘、仿制；最后打开地图册验证复原。这种训练极大地调动了各个感官的活动，地图知识便可以轻松记住、记牢。

联想记忆，词图对照

一味地背地图是单调乏味的，应采用多种办法刺激并调动大脑，以获得运动记忆和情绪记忆的最佳效果。可以把抽象的地图符号化作具体物象激发联想，如"柴达木盆地区域图"中有矿区、有铁路，可以编成"冷湖向东把鱼（鱼卡）打，打柴（大柴旦）南去锡山（锡铁山）下。挥汗（察尔汗）砍得格尔木，火车东运到茶卡"这样的口诀。一边看图一边诵诀，很快就能记住这部分图。

化繁为简，信号提醒

对地图承载的信息要分析、加工、分化、改组，提高其精度，缩小范围、排除干扰岔道。该方法的具体操作如下：

①以示意图为基础，先易后难，如铁路采取"干线为本，枢纽填准，变曲为直"的办法，便可轻松掌握。

②用单色笔和多色彩笔勾画插图，然后再和地图册对照。这样先看"黑白"后看"彩绘"，可起到突出重点，互相弥补的作用。

③对难记内容进行反复设问，揭示关键点，强化记忆和理解。如在快速查图训练时，不停地问自己："水电站应画在水库的上游还是下游？""基尔运河是在国界上通过吗？""石太线的中点是哪个矿区？"等等。

④抓住文字特征，简化信号。如在学习朝鲜东部港口时，可以边看图边吟诵"清津金（策）、咸兴兴（南）、无山（釜）山"。这样，省时省力又好记。

读图说文，说文忆图

掌握地图知识的落脚点应放在发现特征、理解概念、揭示规律、阐明成因上。如果片面阅图而不思文，知识就显得支离破碎。反之，死记课文，地理概念失去具体形象的支持，必然造成张冠李戴、桃李不分。尤其初中学生抽象思维发展很快，语言表达能力有所发展，可以尝试写读图说明文，提取说明要点，把课本知识活化于地图之中。

○ 地理数据有点意思

地理数据的主要功能是各种地理事物的数量关系，具有文字和图像所不可代替的独特作用，也是中学地理知识的基础。中学地理课本中涉及的数据很多，教学中若照本宣科，听起来会十分枯燥，怎样把它们转化为有趣味、有意义的信息呢？

抓特点，总结规律

抓住数据的内在特点，找出其规律性。如极半径和赤道半径是说明地球形状的两个基本概念，前者约为6356.8千米，后者约为6378.2千米。如果把小数忽略，我们不难发现这两个数据的千、百位数分别为6与3，而十位数和个位数前者为5和6，后者为7和8，连起来恰好是自然数5、6、7、8。再比如，二分二至是反映地球公转过程中季节和昼夜的转换点，这些日期分别为：春分——3月21日前后；夏至——6月22日前后；秋分——9月23日前后；冬至——12月22日前后。从春分算起，四个节气的月份数依次为3、6、9、12，均为3的倍数，而日期数分别为21、22、23、22，周而复始，循环不止，这一来就易于记忆了。

演算数据，推导记忆

一个太阳日是24小时，这是众所周知的数据，而一个恒星日的时间，却让很多人犯愁了。其实，通过验算数据，就可以轻松搞定，无须单独记忆。

一个太阳日地球自转360°59′，比恒星多出59′，根据这一特点，不难求出一个太阳日比恒星日多3分56秒（地球每四分钟自转1°），这样恒星日的时间也就解决了。地球及众多的天体都是球状天体，其中一些数据就与圆、球的性质有关，只要掌握某一天体的半径，就可以求出相关数据来。

数据对比，关联记忆

这是处理数字的基本方法，分横比和纵比两种。横比是把同类事物放在不同空间进行比较，以反映出事物间的大小。如太平洋是世界上面积最大的海洋，将它与另外三大洋相比，它的面积是另外三大洋面积的总和；还可以把它与面积最小的北冰洋相比，可以得出它的面积是北冰洋的14倍。通过比较，可以认识到太平洋之"大"，加深记忆印象。

纵比是同类事物不同时期的比较，它可以反映出事物的发展变化。我国工农业增长等方面的数据，为了突出其增长幅度，常采用此法。

通过比较，从中找出一定量的关系。通常有下列两种情形：

（1）数字雷同

长江长度中的千位数和百位数分别为6与3，与地球半径相应位数相同；地表陆地总面积与日地距离虽然单位不一，但数字却同为1.49亿；黄赤道交角（23° 26′）与南北回归线所在的纬度、地轴与黄道平面的夹角（66° 34′）与极圈所在的纬度、海洋总蒸发量与总降水量的差额（4700km³）和大陆总降水量与总蒸发量之差以及陆地注入海洋总径流量完全相符等。

（2）数字间的巧合

世界第三长河长江为6300（6397）千米，加上100千米为亚马孙河长度，再加上两个100千米就是世界第一长河尼罗河的长度，而长江的长度减去三个100千米，便大约是密西西比河的长度了。

设立场景，形象记忆

如讲黄河含沙量之"大"，可以形象地说"一碗水半碗泥"；如讲我国西北某些地区气温日较差大，可以不照宣课本数字，而用"早穿皮袄午穿纱，围着火炉吃西瓜"来形容。

○ 高手支招巧妙记忆

"补漏"记忆法

所谓补漏记忆法，就是在学习、复习地理的过程中，发现问题，找到知识漏洞并进行重点解决，以此加强记忆的方法。比如，当学生在做练习、回忆知识时，经常会发现自己有概念不清、搞错关联以及遗忘的地方。针对这些问题，应扎扎实实地依据课本逐个解决，这也是再学习、再复习的过程，同时又是加强记忆的过程。尤其是复习时，要将所学地理知识系统化和概括化，逐章按节进行复习，这样一定会发现自己存在的薄弱环节，有了不足，及时解决，强化梳理，加强记忆。

口诀记忆法

这种方法读起来朗朗上口、情趣盎然，简洁明快、新颖独特，不仅易学易懂，而且记忆方便，是名副其实的"地理速通"。

如学习《中国地理》中的省、自治区、直辖市简称，其口诀（看中国政区图）为：

黑、吉、辽；内蒙古、京、津；

晋、冀、鲁；陕（秦）、甘（陇）、新；

苏、皖、豫；鄂、湘、赣；

川（蜀）、黔（贵）、滇（云）；宁、青、藏；

沪、浙、闽；台、粤、桂；

海南简琼，好记忆。

口诀记忆法，最适用于年龄偏小的学生，是他们在学习地理时一种较为有效的方法。一般情况下，他们善于背诵，若能对照地图记忆，会收到较好的效果。

拓展记忆法

就是以点连线、以线拓面的方法联系记忆。

如以铁路站为点，再沿铁路线向周围拓宽，或延伸的面来记忆。当然，完全可以以任何城市或其他重要地理事物为点，延线、拓面，相互记忆。

如学习西北五省区主要铁路交通时，先以熟知的西安为点，向西沿陇海线经宝鸡，再向西偏北到兰州。又以兰州为点，向西北沿兰新线到乌鲁木齐；由兰州向东北，沿包兰线经银川到内蒙古包头；由兰州向西，沿兰青线到西宁。由西宁继续向西，便是青藏线的西宁至格尔木段。

从铁路线分布状况看，兰州为西北最大的铁路枢纽站。另外，陇海线和兰新线及乌鲁木齐到哈萨克斯坦的首都努尔苏丹线，是亚欧大陆桥的东段线路。

图片记忆法

地理图片能够形象地展示地理事物和地理现象，图片比文字更能调动学生学习地理的积极性，帮助理解和掌握课本知识，培养观察能力。所以在学习时，一定要多观察分析与内容相对应的图片。中学适用的《中国地图册》中，包括有兴安林场、大连新港；黄土高原、华北棉田；上海外滩、长江三峡；桂林山水、西沙风光；葛洲坝、日月潭等。

学到具体的章节时，首先应看图片。如学"热带雨林自然带"，先看"热带雨林"景观图片，便可以直观地感受到热带雨林的特点：植物特别茂密，乔木、灌木、草本混杂，树种繁多；地面有大象、犀牛，水中有鳄鱼、河马；树上有猿猴、猩猩攀缘，空中则飞翔着各种鸟类。这样学习课本内容时，就更容易理解，还可进一步分析这些特征是如何形成的，从而联想到与热带雨林气候有关的知识。

类比记忆法

从因果关系上谈，基本要素相同，结论必然相一。

地中海周围的气候特点是冬季温暖多雨，夏季炎热干燥，其成因为：地处30°N~40°N的大陆西岸；冬季受西风影响，夏季在副热带高压控制下。那么可知，凡是在这样的条件下，就具有冬雨夏干的地中海式气候。北美有，南半球的南美、非洲、澳大利亚也都有。

地图记忆法

地图是地理学中重要的直观语言，它能形象而确切地表示地面上的各种地理事物，当然也能反映出各种地理事物来。通过地图，可以确定出地理方位、区域范围，展示地理事物的大小、高低、距离、形态和分布，便于阐明地理要素间的相互关系和内在联系。因此，看地图、读地图、绘示意图等，是学习地理最基本的方法。

学习各类气候类型时，依据地图进行学习，好记忆、易理解。如海陆热力差异引起的东亚季风，是世界上最为明显强大的季风区，它是由冬、夏气压场性质决定的。冬半年，亚洲大陆内部气温低，形成蒙古、西伯利亚高压区；而东面的太平洋洋面上，比同纬度大陆相对来说气温要高些，形成了北太平洋上的阿留申低压区和赤道以南的赤道低压带。大势是陆上高压、海上低压，自然存在温压梯度的变化，从而形成由陆上高压区向海上低压区带吹的偏北风，也叫冬季风。夏半年，温压场相反，所以风向也相反。

实际上，上面的季风问题和一些地理问题，虽不是问地图，但实际上你要准确无误地答好问题，也需要一幅鲜明的亚洲地图或世界地图浮现在脑海里，才能答得全面准确。

方位记忆法

如《中国地理》"三北"防护林网，可以将"三北"防护网所跨越的12个省、市、区用简称按自东向西的顺序改为：东北区的黑、吉、辽三省西部，华北区的冀、晋、内蒙古，西北部的陕、甘、宁、青、新。这样讲，学生比较容易记住。

再如，我国百万人口以上的特大城市，在中华人民共和国成立之初只有9个，现在已有100多个。台湾省的台北、高雄，港澳地区的香港，人口也都在百万以上。按书上的顺序讲，很难记住，而且查地图时也是忽东忽西、忽南忽北，很不方便。这时利用方位法记忆就可以轻松搞定：我国百万人口以上的特大城市在地理分布上大致排列成"兰"字形。在看地图的时候，可以先描绘出"兰"字，然后按"兰"字的笔画顺序依次记忆北京、天津等城市。

谐音记忆法

把新地名和熟悉的事物联系起来记忆。

如中亚地区的两条内陆河——阿姆河和锡尔河。在学习时，首先要细致地查看两条河流在地图上的具体位置、发源地和注入的地方。在记忆该知识点的时候，可以参考中部部分地区的方言，"阿姆"与"阿母"读音相同，而"锡尔"与"惜儿"则是近音。阿母都是爱惜自己的儿子的，这样利用谐音法，一下子就记住了。

电影电视法

电影电视可以帮助我们得到直观印象，犹如身临其境，获得深刻的感性认识。课余时间看电视，可以多看《世界各地》《地球脉动》《海洋》《话说运河》等纪录片，以增长地理旅行知识和见闻。学习时，再结合课文回忆有关镜头，效果会比较好。